예산회계실무 카페 스태프가 알려주는

아주 쉬운
계약 실무

예산회계실무 카페
스태프가 알려주는

아주 쉬운
계약 실무

초판 1쇄 발행 2025년 2월 26일

지은이 김재곤·김근숙·유현승·김종욱·정호영

펴낸이 강기원
펴낸곳 도서출판 이비컴

디자인 강은지
마케팅 박선왜
이미지 iStock, Pixabay

주 소 서울시 동대문구 고산자로 34길 70, 431호
전 화 02)2254-0658 팩 스 02-2254-0634
메 일 bookbee@naver.com
출판등록 2002년 4월 2일 제6-0596호
I S B N 978-89-6245-236-5 (13320)

쉬운 계약으로 국민들의 삶을 꽃피우는 정책 만들기

국가 및 지자체
공공기관
출자·출연기관
대응

예산회계실무 카페 스태프가 알려주는

아주 쉬운
계약 실무

김재곤 · 김근숙 · 유현승 · 김종욱 · 정호영 지음
최기웅(예산회계실무 카페 홈지기) 추천

이비락 樂

들어가는 글 _ 쉬운 계약으로 국민의 삶을 꽃피우는 정책 만들기

    계약은 정책을 현실로 만드는 과정입니다. 아무리 잘 만든 도로 정책이라도 설계 용역과 건설공사라는 계약을 하지 않으면 그 정책은 현실화할 수 없습니다. 그러므로 계약은 쉬워야 합니다. 계약이 쉬워야 더 많은 정책으로 국민의 현실을 바꿀 수 있기 때문입니다.
    하지만 계약을 어려워하는 공무원들이 매우 많습니다.

    그 이유는 세금, 즉 국민의 돈을 써야 하고 누가 보더라도 문제없게 해야 하기 때문입니다.

    일을 잘하는 업체에 주려니 특혜 의혹이 불거지고, 가격경쟁으로만 가면 기술개발에 투자한 업체가 불만을 토로합니다. 사회적 약자와 창업·혁신 기업이 자리 잡을 수 있도록 해야 한다는 의견도 참 맞는 말입니다. 모두 맞는 말이지만 한쪽의 편만 들 수도 없습니다.

    이런 수많은 이해관계자의 의견을 모아 만든 것이 현행 정부 계약 제도입니다. 또한 어디 하나라도 사고가 나면 그것을 방지하기 위해 더 많은 절차와 지침을 추가합니다.
    그러니 정부 계약에 관한 지침만 해도 수천 페이지가 넘어갑니다.

그 지침에 담지 못한 부분은 담당 부처의 유권해석과 판례 등을 통해 봐야 하니 그 양은 상상을 초월합니다.

그래서 정부 계약을 처음 접하는 사람은 어려울 수밖에 없습니다. 정부 계약을 집행해야 하는 공무원들도 1~2년마다 업무를 바꾸기에 계약에 대한 전문성을 쌓기도 어렵습니다. 계약을 어떻게 해야 할지 고민하다 보니 정책 자체에 대한 고민이 줄 수밖에 없습니다.

우리는 알차고 쉬운 계약으로 국민들께 유익한 정책을 원활하게 만들도록 하기 위해서 이 책을 썼습니다. 이 책을 통해 쉬워진 계약으로 국민의 삶을 윤택하게 바꿔줄 멋진 정책들이 많이 피어날 수 있기를 기원합니다.

2025년 새해를 맞으며

저자 일동

차 례

1장 》 계약의 이해

2장 》 용역계약

3장 》 물품계약

4장 》 계약의 기본과 공사계약

5장 》 채권압류 I

1장

계약의 이해

0. 계약 업무에 들어가며

"계약 업무를 안 해 봤는데 사업 부서 담당자가 모르는 게 당연한 거야. 우리가 잘 알려줘야 사업 부서에서 사업을 잘 진행할 수 있지. 정책이 잘 집행되어야 우리가 근무하는 이 도시도 더 살기 좋아지게 되는 거야"

계약팀에 발령받은 후 계약팀 직원들에게 호기롭게 외쳤습니다.

계약 업무를 전혀 모르는 사업 부서 직원들이 묻는 모든 것들을 하나하나 알려주다 보니 초과근무를 밥 먹듯이 했습니다. 사업 부서 직원들도 친절하게 알려주는데, 우리 팀 직원들도 친절하게 알려줄 수밖에 없었습니다.

물론 저도 모르는 게 많았지만 직원들을 알려주기 위해 공부하는 과정에서 계약에 대한 이해가 깊어졌습니다. 그리고 사업 부서와 계약팀 직원들이 어떤 것들을 궁금해하는지 알 수 있었습니다.

그리고 다른 기관의 직원들도 비슷한 부분을 어려워한다는 것을 알게 되었습니다. 이번 장에서는 계약해야 하는 건인지 아닌지, 그 부분부터 시작하고자 합니다.

　가장 처음에 초심자가 고민해야 하는 부분들을 위주로 정리했으니 많은 분에게 도움이 되었으면 합니다.

1. 팀장님이 시켰는데, 이거 어떻게 해야 하죠?(일상경비편)

"김 주무관, 이번에 을지연습 해야 하는데 준비는 잘 되고 있나요?"

새로운 부서에 오자마자 팀장님께서 하신 지시! 어떻게 을지연습을 준비해야 할까요?

가장 먼저 전임자가 어떻게 업무를 했는지 확인해 봐야 합니다. 그중에서도 예산을 써야 하는 것들을 더욱더 신경 써야 합니다. 금액이나 종류에 따라 집행에 시간이 오래 걸릴 수도 있기 때문입니다.

예산집행을 어떻게 하는지 아는 방법은 '온나라'와 같은 문서시스템을 통해 전임자가 어떻게 했는지 확인해 보는 것이 가능 좋습니다. 모든 예산은 문서로 결재되고 지출되기 때문에 모든 자료가 남아 있기 때문입니다.

문서시스템에서 전임자가 어떻게 연습장 세팅을 했는지를 볼 수 있습니다.

찬찬히 문서를 살펴보다 보니 어떤 것은 회계과에서 계약하거나 지출하고 어떤 것은 회계과로 보내지 않고 자체적으로 처리한 게 있습니다.

어떤 것은 회계과에 의뢰했고, 어떤 것은 자체적으로 처리해야 할까요? 그건 어떤 기준으로 나누었을까요?

그건 바로 중요도입니다.

원칙적으로 모든 회계처리는 회계 전문부서인 회계과에서 해야 합니다. 그런데 회계 부서에서 중요도가 낮고 수가 많은 회계처리를 하다가 중요한 회계처리는 소홀히 하게 되고, 사업 부서 입장에서는 간단한 회계처리마저 시간이 오래 걸리게 됩니다.

당연히 이런 문제들을 해결하기 위해 "일상경비"라는 제도를 만들었습니다. 일상적으로 부서 운영에 필요한 경비, 즉 상대적으로 중요도가 낮고 소액인 회계처리는 부서에서 직접 처리할 수 있게 만든 것입니다.

회계 부서는 중요한 회계처리에 더 신경 쓸 수 있게 되었고, 사업 부서는 신속하게 회계처리를 하게 되면서 행정효율성이 향상되었습니다.

일상경비의 구체적 기준은 지방회계법의 범위 안에서 각 기관에서 매년 정합니다.

구체적인 기준이 기관마다 다른 이유는 무엇일까요?

그것은 기관마다 규모와 상황이 다르기 때문입니다. 예를 들어 예산이 10조 원인 기관과 10억 원인 기관에서는 소액의 개념이 다르고 도시개발을 담당하는 기관과 문화예술을 담당하는 기관의 특성이 다르기 때문입니다. 각 기관의 특성에 맞게끔 기준을 세우면 됩니다.

우리 기관의 기준은 일상경비 교부계획이라는 문서를 통해서 확인할 수 있습니다.

2025회계연도 일상경비 교부 · 운영계획

> 부서 운영에 필요한 경비 일상경비의 교부범위를 결정하여 일상경비 출납원에게 경비를 교부 · 운영함으로써 예산을 신속하고 효율적으로 집행하고자 함.

* 일상경비란 : 실 · 과 단위에서 일상적으로 사용되는 관서운영 경비임.

Ⅰ 관련근거

○ 「지방회계법」 제34조(관서의 일상경비 등의 지급)
○ 「지방회계법 시행령」 제38조(일상경비의 등의 범위)
○ 「지방자치단체 회계관리에 관한 훈령」 제48조

Ⅱ 추진개요

○ 교부기간: 2025. 1. 1. ~ 2025. 12. 31.
○ 교부범위: 재무관(분임재무관)이 일상경비 교부범위를 결정한 경비
○ 교부방법: 매월 1회 또는 필요시 수시 교부
○ 운영흐름도

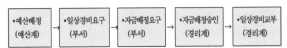

Ⅲ 일상경비 교부 범위 및 기준

① 일상경비 교부대상 및 한도

교부대상			교부범위 및 한도
구분	편성목	통계목	
교부대상	일반운영비(201)	01. 사무관리비	운영수당 및 급량비 등 매월 필요금액
		02. 공공운영비	공공요금 및 제세 (전기, 상하수도요금)
	여비(202)	01. 국내여비	1천만원 미만 / 월
		03. 국외업무여비	
		04. 국제화여비	
	업무추진비(203)	전체 통계목	매월 필요금액
	일반보전금(301)	08. 민간인국외여비	1천만원 미만 / 월
		09. 외빈초청여비	
일상경비 지출한도	추정가격 500만원 미만/건	* 추정가격 500만원 이상 재무과에서 계약 및 지출	

※ 일상경비 교부범위 결정액[붙임] 외 **추정금액 330만원미만의 단가계약**도 교부 대상임.

※ 일상경비 교부범위 결정액[붙임] 외 일상경비 교부대상 및 한도 요건에 맞는 예산은 추가 교부 가능

② 일상경비 교부 제한

○ 매 1개월분 이내의 금액을 예정하여 교부하되, 장소가 일정하지 않은 사무소의 경비, 외국에서 지급하는 경비는 사무의 필요에 따라 3개월분 이내의 금액 교부 가능

○ 수시로 필요한 비용에 대해서는 필요한 금액을 예정하여 사무에 지장이 없으면 분할하여 교부

<일상경비 교부기준(예시)>

Ⅳ 행정사항

○ 일상경비 교부 요구 : 매월 5일까지

○ 회계 관련 법규 및 제 규정을 준수하여 집행 및 관리 철저 : 전 부서
  - 예산을 집행하는 경우 관련 법령·조례·규칙·예규 등으로 기준과 절차를 정한 경우에는 그 절차와 기준을 반드시 준수
  - 지방회계법, 지방재정법, 지방자치단체 업무추진비 집행에 관한 규칙, 지방자치단체 회계관리에 관한 훈령, 공무원 여비 규정 및 여비 업무 처리기준 등

○ 일상경비 지급 관련 각종 자료 제출 : 전 부서
  - 일상경비출납계산서(잔액증명서 첨부) : 매분기 익월 15일 한
  - 일상경비 교부금 집행잔액 반납   : 출납폐쇄기한 내

○ 일상경비 집행실태 감사(연 1회 이상) : 기획감사실

붙임 2025회계연도 일상경비 교부범위 결정액 1부. 끝.

위 기준은 정보공개 포털에서 가장 먼저 보이는 일상경비 교부계획입니다. 일상경비 교부 대상과 한도, 그리고 일상경비의 지출 한도를 규정하고 있습니다.

이 기관에서는 부서 운영에 필요한 사무관리비와 공공운영비, 그리고 각종 여비, 시책 추진을 위해 필요한 업무추진비 등에 대해 일상경비 교부가 가능합니다. 또한, 추정가격 500만 원(부가세 포함 550만 원) 미만의 소액 계약은 부서에서 직접 처리할 수 있고 추정가격 500만 원을 초과할 경우는 회계과에 계약을 의뢰해야 함을 알 수 있습니다.

그럼, 일상경비 지출은 어떻게 하고 회계과에 계약의뢰는 어떻게 하는지 알아보겠습니다.

2. 일상경비로는 어떻게 지출을 하나요?

일상경비 지출은 계약보다 쉽고 편합니다.

일상경비를 쓰려면 당연히 상사의 허락은 맡아야겠죠?

상사에게 허락받는 과정을 '품의'라고 합니다. 허락받기 위해서는 예산은 있는지, 가격은 적당한지와 같은 기본적인 사항을 확인해야 합니다.

제목   복사용지 구입

부서 업무추진에 필요한 <u>복사용지</u>를 구입하고, 그 대금을 아래와 같이 지급하고자 합니다.

1. 구입액: 금1,000,000원(금일백만원)

예산액	기지출액	금회지급액	집행잔액	비고
15,375,000원	0원	1,000,000원	14,375,000원	집행률 6.05%

2. 산출내역

품명	단가	수량	공급가액	비고
복사용지(A4)	25,000	40	1,000,000	-

3. 구입방법: 법인카드 결제
4. 예산과목: 시민안전과, 행정운영경비, 기본경비, 일반운영비, 사무관리비

붙임 시중가격조사서 1부. 끝.

<상사에게 허락을 받는 것(품의) 사례>

나랏돈을 쓰는 것이니 당연히 잘 써야 합니다.

처음 회계업무를 보게 된다면 가장 먼저 보는 회계 문서는 전임자의 문서입니다. 위와 같은 전임자의 문서만 보고 그대로 따라 할 수는 없겠죠?

전임자의 문서가 제대로 되어 있는지 확인해 보겠습니다. 가장 먼저는 국가가 정한 기준에 맞게 썼는가 하는 것입니다. 그 기준은 어디서 볼까요?

바로 국가법령정보센터에서 관련 규정을 보면 됩니다. 규정을 보는 방법은 해당 법을 찾은 법령체계도를 누르면 됩니다. 법령체계도를 누르면 그 법의 모든 규정이 나옵니다. 거기서 적합한 것들을 찾아서 적용하면 됩니다.

우리가 자주 보는 규정은 예산에서는 「지방자치단체 예산편성 운영기준」과 회계에서는 「지방자치단체 회계관리에 관한 훈령」입니다.

지방자치단체 예산편성 운영기준으로 전임자의 문서를 한번 검증해 보겠습니다. 지방자치단체 회계관리에 관한 훈령은 다음 장에서 살펴보겠습니다.

지방자치단체 예산편성 기준을 보면 사무관리비로 용지대 등 사무용 잡품비를 살 수 있으므로 사무관리비로 복사용지를 구매할 수 있습니다.

01. 사무관리비

1. 일반수용비

가. 관서운영에 소요되는 수용비
 1) 당직용 침구 구입 및 세탁비
 2) 기본사무용품비 : 부서 내 일반 사무비와 기타용품비
 3) 기타수용비 : 범용 S/W 구입비, 도서구입비, 기기구입비,
    소규모 수선비, 일반수수료, 관보구독료 등
나. 필기구, 용지대 등 사무용 잡품비
다. 자료 및 보고서, 책자, 각종 양식, 전단 등 업무수행에 따른
   일체의 인쇄물 및 유인물의 제작비
라. 현수막, 간판 등의 안내 홍보물 제작비 및 기관(관서)의
   간판, 명패, 감사패, 상패 등 제작비

<지방자치단체 예산편성 운영기준>

또한 예산에 여유가 있는지, 복사용지는 몇 개를 얼마에 사는지(산출 내역)와 신용카드를 통해 사겠다는 결제 방법도 알 수 있습니다.

붙임에 시중에 복사용지가 얼마 정도 되는지 조사해 본 자료(사중

가격조사서)를 첨부해 적정한 가격으로 구매하는 것도 확인이 가능합
니다.

전임자가 쓴 문서가 큰 문제가 없어 보입니다. 그럼, 이러한 방식
으로 결재를 받고 지출하면 될 거 같은데….

그렇다면 결재는 누구까지 받아야 할까요?

3. 예산을 집행할 때는 누구한테 결재받아야 할까?

예산을 쓰기 전에는 상사에게 허락받아야 합니다. 도대체 그 상사는 누구일까요?

의정부시 회계관리에 관한 규칙

[시행 2023. 5. 8.] [경기도의정부시규칙 제1596호, 2023. 5. 8., 일부개정]

경기도 의정부시(회계과), 031-828-2791

제5조(예산집행품의) ① 시장은 훈령 제11조제1항에 따라 부시장, 국·단·소장, 과장, 동장에게 예산집행 품의를 각각 전결로 처리하게 할 수 있다.<개정 2021. 6. 21., 2023. 5. 8.>

1. 부시장
   가. 추정금액 10억원 이하인 공사 또는 토지의 매입
   나. 추정금액 5억원 이하인 제조, 용역 또는 매입
   다. 그 밖에 건당 2억원 이하인 집행에 관한 사항
2. 국장·단장·소장, 권역동장
   가. 추정금액 6억원 이하인 공사 또는 토지의 매입
   나. 추정금액 3억원 이하인 제조·용역 또는 물건의 매입
   다. 그 밖에 건당 1억원 이하인 집행에 관한 사항
3. 과장, 일반동장
   가. 건당 5천만원 이하인 집행에 관한 사항
   나. 법령에 따라 지출의무가 있는 사항

② 시의회의 예산집행 품의에 관한 사항은 의장이 따로 정할 수 있다.

<예산품의 기준(예시)>

그건 해당 기관에서 정하게 되어 있습니다. 법제처에 가면 해당 기관에서 정한 기준을 바로 확인할 수 있습니다.

앞의 사례처럼 복사용지(A4) 25박스를 백만 원에 산다면 건당 5천만 원 이하의 예산집행이므로 과장, 일반 동장의 허락을 받으면 됩니

다.

또한, 7억 2천만 원 규모의 공사 허락을 받고 싶다면 부시장에게 허락받아야 하고 16억 원 규모의 공사 허락을 받아야 한다면 시장의 허락을 받으면 됩니다.

이는 기관의 규모와 예산집행의 종류에 따라 자율적으로 정한 것이니 허락받기 전에 꼭 확인해야 합니다.

그렇다면 이렇게 허락만 받으면 어떻게 지출하든 상관없는 걸까요?

4. 일상경비로 지출은 어떻게 해야 할까요?

허락을 받았으면 마음대로 지출해도 될까요?

당연히 아니겠죠. 우리는 법령과 규정에 맞게 지출해야 합니다.

위에서 이야기했듯이 지방자치단체 회계관리에 관한 훈령을 보면
서 확인해 보면 됩니다.

지방자치단체 회계관리에 관한 훈령

[시행 2023. 1. 1.] [행정안전부훈령 제266호, 2022. 12. 19., 일부개정]

행정안전부(회계제도과), 044-205-3779

제32조(지출의 절차) ① 법 제29조에 따른 지출원인행위는 세출예산의 배정범위 내에서 하여야 한다.

② 각 실·과장은 공사·제조·용역의 도급, 물건의 매입·수리·운반 등에 관하여는 회계업무담당과장 또는 계약담당과장에게 그 집행을 요구하
여야 한다. 다만, 일상경비등으로서 지방자치단체의 장이 정하는 기준액 범위 내에서 지급하는 것은 그러하지 아니하다.

③ 회계업무담당과장 또는 계약업무담당과장은 제2항의 요구를 받았을 때에는 즉시 소정의 절차에 따라 계약을 체결하여야 한다.

④ 각 실·과장은 제2항 단서에 따라 지급할 때에는 해당 사업자등록증을 확인한 후 산출기초조사서, 검수조서 등을 작성하고, 물품납대가를 지
급할 때에는 세금계산서를 제출받아 관련 증빙서를 일상경비등 출납원이 보관하도록 해야 한다.

\<지방자치단체 회계관리 훈령\>

지출하기 위해서는 상사에게 허락받은 후 회계과에 보내야 합니
다. 다만, 일상경비로 지출할 때는 구매하려는 곳에 사업자등록증과
산출기초조사서, 검수조사, 세금계산서를 꼭 챙겨야 합니다.

이 4가지를 꼭 챙기라고 정해놓은 이유는 국가가 정한 방법으로

내 물건 사듯이 하라는 의미입니다.

우선, 사업자등록증과 세금계산서는 국가에 세금을 낸다는 신고를 한 사람과 거래하고, 거래 후에는 국가가 정한 방법대로 부가가치세와 같은 세금을 꼭 받으라는 의미입니다.

아무리 싸더라도 불법 노점상과의 탈세 거래를 하면 안 되겠죠?

산출기초조사서는 바가지 쓰지 말라는 이야기입니다. 한 군데만 알아보면 비싼지 싼지 알 수 없으니 적어도 두 곳은 가서 이 가격이 적정한 지 따져봐야 한다는 것입니다. 실무적으로는 견적서 2개를 조사한 후 조사 결과를 아래와 같이 기재합니다. 앞에 전임자가 썼던 시중가격조사서도 산출기초조사서와 동일한 의미이니 참고하기를 바랍니다.

산출기초조사서

○ 조사일 : 2025. 1. 30.

(단위: 원)

연번	품 명	규격	수량	A사 단가	A사 금액	B사 단가	B사 금액	비고 (나라장터번호)
	계				1,000,000		1,200,000	
1	복사용지	A4(85g)	40	25,000	1,000,000	30,000	1,200,000	
				조사자	행정7급	김재곤 (인)		
				확인자	행정6급	채민백 (인)		

검사란 우리가 원하는 것이 맞는지 확인하는 것이고, 검수는 검사에 합격한 물품의 수가 맞는지 확인하는 것입니다. 조서는 조사보고서의 준말이니, 검수조서는 검사가 완료된 물품의 수를 조사한 보고

서를 말합니다.

따라서 볼펜을 10개 샀으면 볼펜이 잘 나오는지 확인하고 수량이 10개인지 확인한 후 검수조서를 쓰면 됩니다.

우리가 물건 사는 것과 비슷하죠?

내가 원하는 옷을 사기 위해서 해당 물품을 가장 싸게 파는 곳이 어디인지 검색하고, 옷이 배송되면 혹시 문제는 없는지 확인합니다. 국가도 싸고 좋은 물건을 사기 위해 이러한 규정을 두고 있습니다.

일반적으로는 기본 4종만 잘 지키면 일상적인 지출은 전혀 문제가 없습니다.

그런데 볼펜 하나를 사도 이런 절차를 따라야 하는데 너무 번거롭 겠죠? 간단하게 지출할 방법도 알려드리겠습니다.

5. 좀 간단하게 일상경비를 지출할 방법은 없나요?

　볼펜 하나, 샤프심 하나 사는 것도 이런 서류를 다 받아야 한다면 일하기가 참 어렵겠죠?

　당연히 소액은 간단하게 지출할 수 있는 규정이 있습니다. 이런 절차가 없다면 사소한 업무에 서류 구비하다가 정작 중요한 업무에 소홀해질 수 있기 때문입니다.

　그럼, 소액은 어떻게 판단할까요?

　소액은 일상경비 기준과 같이 기관 자체적으로 정합니다. 그 기준은 각 기관의 회계관리에 관한 규칙을 통해 볼 수 있습니다.

의정부시 회계관리에 관한 규칙

[시행 2023. 5. 8.] [경기도의정부시규칙 제1596호, 2023. 5. 8., 일부개정]

경기도 의정부시(회계과), 031-828-2791

제7조(지출의 절차) ① 훈령 제32조제2항 단서에 따른 "일상경비 등으로서 지방자치단체장이 정하는 기준액 범위"는 건당 추정가격 500만원 이하로 한다.〈개정 2021. 6. 21., 2023. 5. 8.〉

② 훈령 제13조제2호에 따라 신용카드를 사용하여 추정가격 200만원 미만 물품의 제조·구매·임차 및 용역 계약을 체결하는 경우에는 일반지출결의서를 사용할 수 있다. 〈신설 2021. 6. 21., 2023. 5. 8.〉

<의정부시 회계관리에 관한 규칙(예시)>

　제2항에 나와 있는 일반지출결의서를 사용할 수 있다는 말이 간편하게 지출할 수 있다는 뜻입니다. 의정부시의 경우는 소액의 기준을 추정가격 200만 원 이하이며, 신용카드를 사용한 경우로 보고 있습

니다. 대부분의 기관에서 신용카드 사용을 규정한 이유는 여신금융업법에 따라 보호를 받기 때문입니다. 영수증 뒤에 보면 적혀있는 깨알 같은 조문들이 신용카드 사용자의 권리를 보호하고 있기 때문입니다. 예를 들어 7일 이내면 철회를 할 수 있습니다. 즉 물품을 받은 후 문제가 있다면 철회를 할 수 있는 것 등 여러 가지 이점이 있습니다. 그러한 점이 국민의 돈인 예산을 안전하게 사용할 수 있기에 신용카드 사용을 간편한 지출의 전제로 둔 것입니다.

* 추정가격은 부가가치세를 뺀 금액으로 생각하면 됩니다. 일상경비나 소액계약에서 관급자재가 있을 확률은 매우 낮기 때문이죠.

서울특별시 강서구 회계관리에 관한 규칙
[시행 2021. 12. 22.] [서울특별시강서구규칙 제808호, 2021. 12. 22., 일부개정]

서울특별시 강서구(재무과), 2600-6212

제8조(지출의 절차) ① 훈령 제49조제2항에 따른 일상경비 등의 기준액은 소모품의 매입·제조·운반, 소규모 용역 및 임차, 인쇄물의 경우에는 1건당 추정가격 300만원 이하로 한정한다.② 추정가격 200만원 이하 물품의 제조·구매·임차 및 용역은 계약을 체결하지 않고 일반지출로 처리 할 수 있다.③ 추정가격 200만원 이하 소모품을 구매하는 경우 산출기초조사서를 생략할 수 있다. 다만, 구매 내역서 등 필요한 증빙자료를 갖추어 검수절차를 반드시 이행하여야 한다.

<서울특별시 강서구 회계관리에 관한 규칙(예시)>

　예산 규모가 비슷하더라도 기관마다 소액의 기준이 조금씩 다릅니다. 서울특별시의 강서구의 경우 일상경비로 하는 약식계약의 금액 기준은 낮습니다. 신용카드로 굳이 한정하지 않고 추정가격 200만 원 이하면 일반지출결의서를 사용하여 간단하게 지출할 수 있도록 했습니다. 또한, 200만 원 이하일 경우는 산출기초조사서(두 개 이상의 견적서)를 생략할 수 있다고 규정하고 있습니다. 기관의 특성에 따라 세부적인 기준이 조금씩 다르니 소속 기관의 규칙을 꼭 확인해야 합니다.

6. 수의계약은 어떨 때 할 수 있나요?

　　일상경비로 집행할 수 없다면 회계과에서 집행해야 합니다. 그중 계약에 대해 알아보겠습니다.

　　그럼, 계약은 도대체 어떻게 해야 할까요? 계약도 품의를 받은 후 회계과에 보내면 됩니다.

　　계약은 건설공사부터 물품 제조까지 워낙 종류가 다양하다 보니 내가 하고자 하는 계약에 맞게끔 제반 서류를 잘 챙기면 됩니다. 가장 쉬운 건 수의(隨意)계약입니다. 수의계약은 말 그대로 따를 수(隨)자 뜻 의(意)자로 즉, 발주자의 의견에 따르는 계약입니다. 발주자가 임의로 상대방을 선정하는 계약입니다.

　　그래서 금액이 소액이거나 전쟁, 사변 등으로 입찰할 여유가 없거나 특허 등으로 경쟁을 할 수 없는 등 아주 특별한 경우에 수의계약을 할 수 있습니다. 초보자에게는 난이도가 낮은 수의계약을 접할 확률이 높기에 수의계약부터 알아보겠습니다.

　　그런데 우리가 주의할 것은 법에 수의계약 대상이라고 나와 있더라도 함부로 특정 업체와 계약할 수 있는 건 아니라는 것입니다. 문자 그대로 업체 선정까지 발주청에서 마음대로 할 수 있는 수의계약을 '1인견적수의계약'이라고 하고, 업체를 특정하지 않고 공고문을 올려 지역 업체들이 견적서를 낼 수 있게 하여 가장 최저가의 견적을 낸 업체와 계약하는 수의계약을 '2인견적수의계약'이라고 합니다.

1인견적수의계약은 일반적으로 2천만 원(부가세 미포함) 이하의 계약이거나 여성기업, 장애인기업 등은 5천만 원(부가세 미포함) 이하일 때 가능합니다.

2인견적수의계약은 종합공사 4억 원, 전문공사 2억 원, 그 밖의 공사 1억 6천, 용역 1억 원, 기타 계약 5천만 원 이하일 경우에 할 수 있으며, 이 금액을 넘어서면 입찰해야 합니다.

제일 중요한 건 제대로 된 계약 문서를 만드는 것이겠죠?
그렇다면 제대로 된 계약 문서는 어떻게 만들 수 있을까요?

7. 계약 문서에는 어떤 것이 들어가야 하나요?

계약 문서에는 도대체 어떤 내용이 들어가야 할까요?
그건 아주 단순합니다.

상사에게 결재받아야 하므로, 상사분들이 궁금해할 것들을 첨부
하면 됩니다.

1. 계약금액이 적정한지(내역서)
2. 업체가 계약 이행 시 어떤 일을 해야 하는지(과업내용서, 시방서)
3. 사전절차는 잘 거쳤는지(계약심사서류 등)

예산이 크거나 절차가 복잡한 계약들은 앞으로 어떻게 진행될 것
인지에 대해 계획서를 첨부하기도 합니다.

그런데 3가지 모두 걱정입니다.

이것을 어디서 확인해야 할까요?
가장 쉽게 확인할 방법은 문서시스템(온나라)에서 유사한 문서를

찾는 것입니다. 일상경비 문서에서도 봤듯이, 전임자들도 같은 고민을 하며 팀장님과 계약 담당자에게 혼나면서 배운 문서를 내가 그대로 참조할 수 있다는 건 축복입니다.

아래와 같이 문서등록대장에서 내가 하고자 하는 계약의뢰 건을 찾아보시기 바랍니다.

그리고 공문에 첨부된 내역서에 이 금액이 어떻게 산출되었는지 근거를 적어놓았으니 그 근거를 보고 내가 하려는 계약의 금액이 적정한지 찾아보는 것입니다. 근거를 보면서 하나하나 내역서가 제대로 작성되었는지 확인해 보면 됩니다.

OO공사 감리용역(전기)

1. 근 거	: 전력기술관리법 제12조 및 제14조 제5항 및 전력기술관리법 운용요령(산업통상자원부고시 제2020-93호) 제25조 제1항내지 제4항 별표2 - 정액적산방식 적용

2. 공 사 비

①도급액:	350,000,000	원
②관급액:	140,000,000	원
합 계(①+②):	490,000,000	원

3. 적용공사비(부가가치세 제외)

- 적용공사비 :	490,000,000 원	÷	1.1	≒	445,454,545	원

4. 감리원인원산출 : 정액적산방식(직선보간법산출)

배치기준	4억원	5.3	인/월
	5억원	6.3	인/월

$$= 5.3 - \frac{(4.455 - 4) \times (5.3 - 6.3)}{(5 - 4)}$$

= 5.3 + 0.45454545 = 5.75 인/월

○ 5.75인/월 * 22일 ≒ 127 인 (소수점 이하 절상)

5. 감리비 산출 내역

① 직접인건비 (고급감리원)	:	289,628	x	127	=	36,782,756 (2025년도 감리원 노임단가)
② 직 접 경 비	:				9,227,861
- 주재비	:	36,782,756	x	0.8 * 0.3	=	8,827,861
- 출장비	:		x		=	
- 인쇄비	:	400,000	x	1식	=	400,000
③ 제 경 비	:	36,782,756	x	0.8 x 1.1	=	32,368,825
④ 기 술 료	:	69,151,581	x	1 x 0.2	=	13,830,316
⑤ 소계(①+②+③+④)	:				92,209,758
⑥ 손해배상보험	:	92,209,758	x	0.849%	=	782,860
⑦ 소계(⑤+⑥)	:				92,992,618 (천단위 이하 절사)
⑧ 부 가 세	:	92,992,618	x	0.1	=	9,299,261
합 계(⑦+⑧)	:				**102,200,000**

<전기감리 용역 내역서(예시)>

전력기술관리법 운영요령

[시행 2020. 6. 11.] [산업통상자원부고시 제2020-93호, 2020. 6. 8., 일부개정]

산업통상자원부(전력산업정책과), 044-203-3896

제24조(감리대가의 산출) ① 공사감리용역대가는 정액적산방식을 적용하여 산출한다. 다만, 제33조에 따른 공사감리용역대가는 실비정액가산방식을 적용하여 산출할 수 있다.

② 제1항에도 불구하고 제25조제2항에 따라 감리원을 배치하는 경우의 공사감리용역대가는 실비정액가산방식을 적용하여 산출한다. 다만, 다음 각 목에 해당하는 공동주택 및 건축물의 경우, 전단의 규정에 따라 산출된 공사감리용역대가에서 해당 범위까지 감액하여 조정할 수 있다.

　가. 공동주택

　　(1) 300세대 이상 400세대 미만: 15퍼센트 범위

　　(2) 400세대 이상 500세대 미만: 10퍼센트 범위

　나. 건축물

　　(1) 10,000제곱미터 이상 20,000제곱미터 미만: 15퍼센트 범위

　　(2) 20,000제곱미터 이상 30,000제곱미터 미만: 10퍼센트 범위

제26조(직접인건비) ① 직접인건비는 공사규모와 공사복잡도에 따라 정한 별표 2의 감리원수에 고급감리원의 노임단가를 곱하여 산출한다. 다만, 제24조제1항 단서 및 제2항에 실비정액가산방식을 적용하는 경우에는 배치되는 감리원의 등급별 인원수에 노임단가를 곱하여 산출한다.

② 노임단가란 해당 업무에 직접 종사하는 상주, 비상주감리원을 포함한 감리원의 급료, 제수당, 상여금, 퇴직적립금, 산재보험금 등을 포함한 것이며, 감리원의 등급별 노임단가는 한국엔지니어링협회가 「통계법」에 의하여 조사・공표한 노임단가(특급, 고급, 중급, 초급)로 한다.

③ 제2항에 따른 감리원은 특급감리원, 고급감리원, 중급감리원, 초급감리원으로 구분하며, 각급 감리원 배치를 위한 인원수 산정시 감리원의 환산비는 고급감리원을 기준으로 하되 소수점 셋째자리에서 반올림한다.

④ 감리원의 노임단가는 1일 8시간, 1개월을 22일로 계상한다. 다만, 감리일수가 1개월을 기준으로 22일을 초과하는 경우 및 야간근무를 하는 경우 등은 「근로기준법」을 적용하여 감리대가를 추가 계상하거나 사후 정산을 하여야 한다.

⑤ 출장일수는 근무일수에 가산하며, 이 경우 수탁자의 사무소를 출발한 날부터 귀사한 날까지를 계상한다.

⑥ 감리업무수행기간 중 「민방위기본법」・「향토예비군 설치법」 또는 법에 의한 교육훈련기간은 해당 감리업무를 수행한 일수에 산입한다.

⑦ 감리업자등은 배치중인 감리원의 등급이 변경된 경우 해당 감리원의 환산비를 적용하여 감리원배치인원을 조정할 수 없다.

제27조(직접경비) ① 직접경비란 해당 업무수행에 필요한 감리원의 현지근무수당, 숙박비 및 현지운영 등에 필요한 다음 각 호의 비용을 포함하며 계상기준은 별표 4에 따른다. 다만, 공사의 특수성에 따라 조정 적용할 수 있다.

　1. 감리원의 주재비

<전력기술관리법 운영요령(발췌)>

어떤 일을 해야 하는지를 알려주는 과업내용서와 시방서도 문서 시스템에서 찾을 수 있습니다. 만약 우리 기관에서 검색할 수 없다면

나라장터(www.g2b.go.kr)에서 찾을 수 있습니다. 나라장터는 국가, 지
방자치단체, 공공기관 등이 계약하기 위해 입찰공고를 올리는 곳으
로 우리나라에서 공공기관이 하는 거의 모든 계약 내용을 확인할 수
있습니다.

<나라장터에서 유사 과업명 검색>

<나라장터 검색 결과>

	문서구분	파일명	파일크기
	공고서	시연 대국리 대상선(시연207호선) 도로확포장공사 실시설계용역 수의견적…	56.5 KB
	과업지시서	과업지시서시연 대국리 대상선(시연207호선) 도로확포장공사 실시설계용…	74.0 KB

<과업지시(내용)서 확인 가능>

<건설기술정보시스템 시방서 제공 모습>

　그리고 계약하기 전에 받아야 하는 사전절차는 매우 다양합니다. 금액으로 적용되는 계약심사나 일상 감사가 대표적입니다.

　분야별로도 매우 다양합니다. 만약, 소프트웨어를 만드는 용역을 맡는다면 소프트웨어진흥법에 따른 과업심의위원회의 승인을 받았는지를 확인해야 합니다. 계약 종류에 따라서 적용되는 법률이 다르기에 개별 법규와 규정을 꼼꼼히 찾아봐야 합니다.

　추후 심화편에서는 분야별로 한 번 다뤄볼 예정입니다.

8. 추정금액? 추정가격? 도대체 무슨 말인가요?

　우리가 계약팀에 문서를 보낼 때는 계약팀에서 쓰는 용어를 이해할 필요가 있습니다. 왜냐하면 우리가 일상적으로 쓰는 용어가 아니기 때문입니다.

　대표적으로는 추정가격과 추정금액입니다.
　추정가격은 계약목적물(쉽게 고칠 것)의 순수 가격입니다. 부가가치세와 우리 기관에서 직접 사서 주는 자재 (이하 '관급자재')같은 것은 포함되지 않습니다.
　추정가격은 계약담당 공무원이 국제 입찰 여부나 입찰할 것인지 수의 할 것인지처럼 계약 방법을 결정할 때 기준으로 쓰는 용어입니다. 내가 모르는 게 당연하겠죠.

　국제 입찰을 생각할 필요가 없는 초보인 우리 입장에서는 용역과 물품은 부가가치세를 제외한 금액이고, 공사는 부가가치세와 관급자재를 제외한 금액으로 생각하면 됩니다.

　추정금액은 해당 계약에 쓰이는 총비용을 지칭합니다. 그러니 부

가가치세와 관급자재까지 포함합니다. 그래서 추정금액이라는 용어
는 공사에 주로 쓰입니다. 관급자재를 주는 계약이 대부분 계약이기
때문입니다.

자, 이제 실습해 보겠습니다.
예를 들어 추정가격 2,000만 원 이하는 1인견적수의계약이 가능
합니다. 이 용역은 1인견적수의계약이 가능할까요?

ITEM NO.	명 칭	규 격	수 량	단위	합 계	노 무 비		재 료 비		경 비		비 고
						단 가	금 액	단 가	금 액	단 가	금 액	
	00공사 실시설계용역											
1	토지측량		1	식	5,000,000							
2	실시설계비		1	식	9,000,000							
3	지반조사비		1	식	5,000,000							
	소 계				19,000,000							
4	용역손해보험료		1	식	116,850							
					19,110,000	천단위 이하 절사						
5	부가가치세	(계 x 10%)	10	%	1,911,000							
	합 계				21,021,000							

<용역 내역서 (예시)>

당연히 가능합니다. 계약목적물(공급가액)이 2천만 원 이하이기 때
문입니다.

또 하나의 예를 들어보겠습니다. 참고로 총공사비는 2,000만 원이
넘습니다. 이 공사는 1인견적수의계약이 가능할까요?

공사원가계산서

공사명 : OO공사   2025년 토목, 조경, 산업환경설비공사 제비율 적용/공사기간 60일

비 목			설계금액	구 성 비	비 고
순공사원가	재료비	직 접 재 료 비	4,000,000		
		간 접 재 료 비			
		작업설·부산물(△)			
		[소 계	4,000,000		
	노무비	직 접 노 무 비	4,000,000		
		간 접 노 무 비	548,000	직접노무비 x 13.7%	
		[소 계	4,548,000		
	경비	기 계 경 비 등			
		가 설 비			
		산 재 보 험 료	168,276	노무비 x 3.7%	
		고 용 보 험 료	45,934	노무비 x 1.01%	
		국 민 건 강 보 험 료	139,800	직접노무비 x 3.495%	
		국 민 연 금 보 험 료	180,000	직접노무비 x 4.5%	
		노 인 장 기 요 양 보 험 료	17,153	건강보험비 x 12.27%	
		퇴 직 공 제 부 금 비	92,000	직접노무비 x 2.3%	
		산 업 안 전 보 건 관 리 비	988,909	(재료비+직노+관급자재비) x 1.85%	미적용
		산 업 안 전 보 건 관 리 비	177,600	(재료비+직노) x 1.85% x 1.2	적용
		기 타 경 비	718,032	(재료비+노무비) x 8.4%	
		[소 계	1,538,795		
		계	10,086,795		
일 반 관 리 비			605,207	계 x 6%	
이 윤			995,318	(노무비+경비+일반관리비) x 15%	
공 급 가 액			11,687,319		
부 가 가 치 세			1,168,731	공급가액 x 10%	
도 급 액			12,856,050		
관 급 자 재			50,000,000		
총 공 사 비			62,856,050		

<공사 내역서(예시)>

이 공사 또한 가능합니다. 총공사비는 2,000만 원이 넘지만, 기관
이 직접 사주는 관급 자재비와 부가가치세를 제외한 실제 계약목적
물은 2,000만 원 미만이기 때문입니다.

9. 계약 체결 후 업체가 서류를 가지고 왔는데 뭘 봐아 하나요?

계약하면 많은 서류를 받게 됩니다. 업체가 계약팀에 제출해야 한다고 내 도장을 찍어달라고 하는데 도대체 뭘 확인하고 도장을 찍어야 할까요?

처음에 업체가 와서 주는 서류를 공사는 착공신고서, 용역은 착수신고서라고 합니다. 그 서류에서 어떻게 계약을 이행할 것인지에 대한 계획을 적습니다. 이 계약의 책임자가 누구이고 인력과 장비는 얼마나 투입될 건지, 그래서 계약은 어떤 과정을 거쳐서 완성할 것인지 등이 적혀있습니다. 혹시라도 분쟁이 생길 경우 기준이 되는 문서이니 꼭 제대로 살펴야 합니다.

지방자치단체 입찰 및 계약집행기준이라는 규정에서 밝힌 착공신고서와 착수신고서에서 챙겨야 할 부분입니다.

· 착공신고서
가) 「건설기술진흥법령」 등 관련법령에 따른 현장기술자지정신고서
나) 공사공정예정표
다) 안전 · 환경 및 품질관리계획서

라) 공정별 인력 · 장비투입계획서

마) 착공 전 현장사진

바) 직접시공계획통보서(관련법령에서 정한 경우)

사) 산출내역서

아) 그밖에 계약 담당자가 지정한 사항

주요하게 챙겨야 할 것들만 추리면 이렇습니다.

현장기술자지정신고서는 무자격자가 현장에서 시공하지 않도록 자격을 갖춘 사람이 투입되는지 확인하는 것입니다.

공사공정예정표는 업체가 계약이행을 제대로 이행하는지 기준이 되는 문서입니다. 업체가 준공일까지 마무리 짓는다고 하면서 공사를 제대로 이행하지 않으면 우리는 어떻게 해야 할까요? 준공일까지 공사가 마무리되지 않아 당장 주민분들이 일정에 맞게 쓰지 못하면 공익에 큰 문제가 생깁니다. 공사공정예정표는 그러한 문제를 방지하기 위해 업체가 예정대로 공사를 이행하지 않을 경우 계약 해지를 할 수 있는 기준을 미리 세워 놓는 것이니 꼭 확인하여야 합니다.

산출내역서는 변경 계약의 기준이 됩니다. 행사에 스피커 2개를 추가한다고 터무니없이 돈을 줄 수는 없겠죠? 산출내역서에 스피커 1개당 금액을 기준으로 산출합니다. 물론 실무적으로 더 따져볼 부분은 심화편에 자세히 기재하겠습니다.

· 착수신고서

가) 용역공정예정표

나) 인력 및 장비투입계획서

다) 공동계약이행계획서(공동계약의 경우)

라) 산출내역서

마) 그밖에 계약 담당자가 지정한 사항

용역도 마찬가지입니다. 이런 의미를 아시면서 착수계를 보면 더 도움이 될 거라 확신합니다.

10. 계약하다가 갑자기 상황이 변했다면 어떻게 해야 할까요?

예상했던 것과 현실이 다른 경우가 많습니다. 물론 계약에서도 예상치 못한 일이 종종 생기곤 합니다.

예를 들면, 건물을 지으려고 땅을 파다가 지하수가 나와서 기존의 설계서대로 지을 수가 없는 경우도 있겠죠?

또, 폐기물 100톤이 예상되어 100톤으로 계약했는데, 실제 폐기물을 처리하다 보니 10톤이 더 나왔을 때는 어떻게 해야 할까요?

이럴 때 우리는 변경 계약을 하면 됩니다. 변경 계약은 이럴 때만 할 수 있습니다.

1) 계약 내용과 현장 상황이 다르거나 원래의 계약 내용(설계서, 과업 내용)이 문제가 있을 경우
2) 변경 계약으로 인해 우리 기관에 유리해졌을 때(예산 절감, 공사 기간 단축 등)
3) 우리 기관의 필요에 의해 계약 내용을 변경해야 할 때

실무에서는 계약한 것과 현장 상황이 다르거나 설계서에 문제가 있을 경우는 업체에서 감독 공무원에게 보고합니다. 통상 실정 보고라는 용어를 씁니다. 감독 공무원은 실정 보고 내용이 맞는지 확인해서 실정 보고 내용이 타당하면 이를 승인해 줍니다. 승인 전에 감독 보고서를 통해 내부 결재를 받습니다. 그리고 회계과에 변경 계약 의뢰를 하면 됩니다.

그런데 업체에서 주는 금액을 그대로 써도 될까요?

당연히 금액도 검증해야 합니다. 착수신고서 안에 산출내역서가 있습니다. 변경하려는 부분이 산출내역서에 나와 있는 부분이라면 산출내역서에 나와 있는 금액으로 결정하면 됩니다.

산출내역서에 없는 것이라면 계약 내용을 변경할 시점의 해당 물품 단가에 낙찰률을 곱한 금액이 기준이 됩니다. 여기서 낙찰률은 내가 계약팀에 넘길 때의 금액(품의계약)에서 실제 계약금액의 비율입니다.

예를 들어 내가 1,000만 원으로 품의하고 계약팀에 넘겼는데, 실제 계약서에는 900만 원이 나와 있다면 낙찰률은 $900/1,000 \times 100 = 90\%$가 됩니다.

페인트칠을 신규로 해야 할 때, 페인트 한 통에 물가조사지에서 1만 원이라고 놓여있다면, 낙찰률 90%를 적용해서 페인트 한 통에 9천 원을 적용해야 한다는 이야기입니다.

혹시 현장 상황이 아닌 우리 기관이 요구해서 변경 계약이 이루어지는 경우라면 낙찰률이 적용된 금액을 기준으로 업체와 협의하여야 합니다. 협의가 안 되면 변경 계약할 때의 단가와 낙찰률이 적용된 단가에서 50%를 적용해야 합니다.

변경 계약은 감사에서 자주 보는 사항이니 변경 계약 시 사유와 금액을 다시 한번 점검해야 합니다.

여기에 나오지 않은 부분은 지방자치단체 입찰 및 계약집행기준(제9장 계약 일반조건 제6절, 제7절)에 자세히 나와 있으니 참고하시기 바랍니다.

11. 계약을 완료했다면 돈은 그냥 주면 되겠죠?

계약이 완료되고 가장 먼저 해야 할 일은 업체가 제대로 계약을 이행했는지 확인하는 것입니다. 실제로 계약 내용을 잘 이행했는지, 잘 이행했다면 준공(완수, 검사)조서를 써서 계약팀에 보냅니다. 준공조서는 공사가 제대로 준공되었는지 조사한 보고서입니다.

준공(완수)감독조서

공사(용역)명			
계약자			
계약금액			
준 공 (완수)금 액			
계약일자		착공(수)일자	
준공(완수)기한		준공(완수)일자	
준공(완수)검사일자		참고사항	

위 공사(용역)에 대한 준공(완수)부분 감독을 마쳤는바, 공사(용역) 전반에 걸쳐 공사설계도서 및 제시방서(과업내용서), 기타 계약조건의 내용과 같이 준공(완수)되었기에 본 조서를 제출함.

년 월 일

검 사 자   소 속   직   성 명

OO시 (분임)재무관 귀하

문서번호		접수번호	
공개여부			

준공조서에서는 우선 적법한 검사자가 맞는지 확인부터 해야 합니다. 내부 규정에 적법한 검사자를 지정하고 있으니 이를 확인해야 합니다.

■ ○○시 공사 및 용역 검사업무 규정[별표 1]

공사금액별 검사기준표

청구금액	검사 구분			비 고
	준 공	기 성	하자검사	
5억 원 이상	담당과장	담당과장	담당과장	회계 관계 공무원 입회 기준은 검사 기준에 의한다.
5억 원 미만 - 1억 원 이상	담당팀장	담당팀장	담당팀장	
1억 원 미만	주무관	주무관	주무관	

※ 시설직·공업직 등의 전문성이 필요한 경우에는 상기 기준에 따라 기술직공무원을 지정할 수 있다.

○○시의 경우는 금액별로 검사자를 나누고 있고, 전문성이 필요한 경우를 예외로 두고 있습니다.

내부 규정에 맞게 검사 공무원이 지정되었는지 확인이 되었다면 계약 담당자는 준공조서가 효력이 있다고 보면 됩니다. 계약 담당자는 검사 공무원에게 준공조서를 받으면 업체에 준공통지를 하게 되고 업체에서 계약대금의 청구서를 받게 됩니다.

정부 계약이기에 청구서를 받고도 확인해야 할 것이 많습니다. 세금을 납부했는지, 사회보험 등 공적인 의무를 다했는지도 확인해야 합니다.

아래는 업체가 청구할 때 꼭 확인해야 하는 문서들을 정리해 보았습니다.

1. 청구서
2. (전자)세금계산서
3. 국세완납증명서
4. 지방세완납증명서
5. 건강 · 연금 완납증명서
6. 고용 · 산재 완납증명서
7. (하자, 손해배상 등)보증서
8. 계약조건에 명시된 사항

부분별로 확인해야 할 사항을 참고하기 바랍니다.

◆◆◆

공공기관은 대다수가 2~3년에 한 번 보직을 바꾸는 순환보직 제도를 가지고 있습니다. 알 만하면 바뀌니 전문성을 쌓기가 힘듭니다. 또한 사회가 발전하며 구성원들의 욕구가 다양해지고 그들 간의 권리관계가 복잡해지고 있습니다.

또한 정부 계약은 복잡합니다. 누가 봐도 문제가 없어야 하니 절차가 매우 발전해 있습니다. 또한 한 군데서라도 사고가 일어나면 그 부분에 대해 보완이 이루어지고, 사회 발전에 맞춰 다양한 낙찰자 결정 방식을 택하며 초심자가 업무하기에 매우 복잡해지고 있습니다.

순환보직으로 전문성은 부족한데 업무는 복잡하기에 사고가 자주 일어납니다. 작은 실수부터 수억 원 수십억 원이 문제가 되는 큰 실수까지 자주 일어나곤 합니다.

정부나 공공기관 직원이 중대한 과실로 소속기관에 재산상 피해를 주게 되면 변상해야 합니다. 국가에서 발주하는 계약은 단위가 크기에 변상 금액도 큰 경우가 많습니다. 한 달에 백만 원 저금하기도 힘든 사정에 수억 원의 변상을 해야 한다면 정말 앞이 캄캄합니다.

  그런 어려움이 있는 계약이기에 많은 사람이 피하고 싶어 합니다. 이런 어려움을 감수한다고 하더라도 인사, 예산 등 요직이라 불리는 곳에 비해 인사상 불리하고, 월급 또한 다른 이들과 똑같기 때문입니다. 하지만 과연 나쁜 점만 있을까요?

  누구나 기피하기에 정부 계약 전문가는 소수입니다. 정부 계약은 정책을 현실로 만드는 아주 중요한 업무이기에 교육 등에 전문가가 꼭 필요합니다. 그분들은 퇴직 후 다른 삶을 살게 됩니다. 그들의 전문성이 정책을 펼치기 위해 꼭 필요하기에 현직에서 받을 수 없었던 억대 연봉을 퇴직 후에 받는 경우가 많습니다.

  부고를 보면 70대는 보기가 힘듭니다. 의학, 보건 등 기술의 발전과 더불어 40년대에 태어나신 분들도 거의 90세까지 살고 계십니다. 그때와 비교해 더 나은 의학, 보건, 영양을 가진 우리들은 90세 이상 살 확률이 매우 높습니다. 어쩌면 내가 한 공직 생활보다 더 오래 퇴직 생활을 해야 할 수도 있습니다.

  퇴직 후 낯선 민간의 분야에서 초보로 시작하는 것보다 공직 생활 동안 쌓아온 전문성을 활용하는 것이 훨씬 더 쉽습니다. 물론 소득 또한 높을 것입니다. 어렵고 위험한 계약 업무에서 기회 또한 있다는 사실도 알려드리고 싶습니다. 그 길을 저자들이 함께 돕겠습니다.

2장

용역계약

0. 용역계약에 들어가며

　여러분은 공무원이 꿈이었나요?

　저는 제가 공무원이라는 직업을 가지고 살 것이라고는 꿈에도 생각해 보지 못했습니다. 그렇다고 다른 구체적인 꿈을 가져본 적도 없지만요. 농담 반 진담 반으로 어렸을 때 진로에 대해 진지하게 고민하지 않은 죄(?)로 공무원이 되었다고 얘기한답니다.

　성향상 공무원과는 거리가 멀어 보이던 제가, 어쩌다 보니 이런저런 일을 거쳐 가장 치열하던 시기에 공시에 발을 담그고 있더라고요.

　동주민센터에서 첫 근무 3년 후, 그다음 발령이 계약팀이었는데 '계약'이라는 단어가 주는 이미지가 겪기 전부터 쉽지 않게 느껴졌습니다.

　학창 시절 수학이 약해서 늘 국어나 영어 등에서 수학 점수를 메꾸던 아이였는데 왠지 수학도 잘해야 할 것 같고, 당시의 나 따위 8급 나부랭이가 할 수 없을 중요한 업무 같기도 하고요.

　실제로 제가 공사·용역계약 업무를 하게 된 계기가 다른 직원분들이 업무를 맡고 며칠 만에 항복을 선언하거나 인사 발령 때 내부에서 자리를 옮기게 되면서였습니다.(격한 양보를 받았죠.)

그렇게 시작한 계약 업무를 중간에 전문관 제도가 도입되며 무려 6년 6개월이나 하게 됐습니다.

걱정했던 바와 같이 너무 중요하고도 어려운 업무였고, 다행인 건 걱정했던 바와 다르게 수학능력(?)은 거의 필요하지 않았습니다.(가끔 낙찰하한률이나 적격심사 가격 점수를 수기로 확인해야 할 때 오랜만에 절댓값 계산을 해보긴 했지만요.)

하지만 그 당시 가장 큰 문제는 업무량이었어요.

공사 용역계약을 두 명이 했었는데 평시에도 보통 자정이 다 되어서 퇴근했었죠.(지금은 업무분장이 잘 되어 그때처럼 일하지는 않습니다.) 진짜 신기하게도, 일이라는 게 숙달될수록 속도가 빨라져야 하는데 계약 업무는 이 논리와 반대로 가더라고요. 알면 알수록 챙겨야 할 것들이 많아져서 법을 찾고, 판례 · 유권해석 등을 찾다 보면 쌓인 일은 손도 못 대고 공부만 하다가 시간을 다 보내기도 했답니다.

그럼에도 제가 그 긴 기간 계약 업무를 한 이유는 이 업무가 저에겐 조금 재밌기도 하고(이 얘기를 하면 다른 계약 담당들이 놀랄 때가 많더군요.) 또 새벽까지 기가 빨리며 한 달여를 달려서 연말에 모든 업무를 다 끝내고 나면 거기서 '희열'이 느껴지더란 말이죠.(대신 건강을 자부하던 저의 신체가 좀 타격을 받았습니다.)

꼭 계약이 아니더라도 이렇게 적성에 맞는 일을 만나는 것은 매우 큰 행운입니다. 힘든 시간이었지만 그런 점에서 그 시간을 감사히 여기고 있습니다. 그 시간 덕분에 이런 책도 세상에 나오게 된 것이니까요.

행안부에서 최근 계약·회계 업무 직무기간을 3년 이내로 제한하면서 이제는 저처럼 계약 업무를 오래 할 수 있는 기회가 없어졌죠. 안타까운 일입니다. 해보니 계약 업무는 최소 2년 정도는 지나야 이제 조금 알겠다 싶은데 말이죠.

그래서 계약 담당자는 교육, 교재, 매뉴얼 등을 통해 최대한 빨리 배우고 익혀 실수나 오류를 최소화하여야 합니다. 계약을 발주하는 사업 담당자도 마찬가지고요. 계약 분야에서의 착오는 문제가 커지는 경우가 많기 때문에 '공부'가 정말 중요합니다. 그 공부에 이 책이 조금이나마 도움이 되길 바라는 마음입니다.

최대한 초심자의 관점에서 기술하고, 수많은 교재에서 다루는 전문적이고 많은 정보 대신, 개념을 이해할 수 있는 내용을 담고자 했습니다.

용역 분야는 공사와 물품에 비해 모호한 경우가 많습니다. 그렇기에 오히려 더 많이 공부하여 최대한 객관적이고 공정하게 처리하여야 합니다.

이번 장에서는 요즘 지자체에서 많이 추진하는 소액 행사 용역을 예시로 하여 계약업무의 전반적인 흐름을 따라가 보도록 하겠습니다.

1. 이게 용역이 아니에요?

은행나무 열매 채취 공사, 대구광역시 홈페이지(http://www.daegu.go.kr) 참조

가을이면 한 번씩 볼 법한 모습입니다.

처음 계약 담당이 되어 이 사업에 대한 발주 서류를 받았을 때의 당혹감이 아직도 잊히지 않습니다.

'이게 공사라고? 용역 아니야?!'

이 사업의 이름은 "은행나무 열매 채취 공사"입니다. 물질적인 목적물이 딱히 없어 보이는 작업인데 이 사업이 공사인 이유는 「건설산업기본법」에서 이 업무영역을 '조경식재 · 시설물공사업'에 포함하고 있기 때문이죠.

만약에 나무에 열려있는 열매가 아닌, 익어서 자연스럽게 낙과한 은행 열매를 치우는 작업이라면 어떨까요?

바닥에 떨어진 은행 열매는 쓰레기로 보아 청소 용역으로 보는 것이 일반적일 듯합니다. 안타깝게도 「건설산업기본법」처럼 이런 청소 용역에 대한 총괄 법령은 없지만요.

그럼, 용역과 공사를 어떻게 구분하는 게 좋을까요?

'물질적인 재화의 형태'라는 어려운 기준 말고 공식적인 구분법은 없지만, 실무를 해왔던 입장에서 추천하는 방법은 있습니다.

'개별 법령을 찾아라!'

위에서 언급한 「건설산업기본법」처럼 '모든 공사'는 개별 법령에서 업무 범위를 규정하고 있습니다.

용역의 경우는 어떨까요?

용역도 「건설산업기본법」처럼 분야별 업무 영역을 규정하고 있는 법령들이 다수 있습니다.

기술용역의 경우에는 「건설기술진흥법」, 「엔지니어링산업진흥법」, 「건축사법」 등의 법령에서 업무영역과 기술자격을 명시하고 있고, 일반용역의 경우에도 「경비업법」이나 「소프트웨어진흥법」과 같이 관련 업무 분야를 총괄하는 법령이 있기도 하지만 청소 용역의 경우처럼 구체적인 총괄 법령이 없는 용역도 많습니다.

이렇게 내가 하고자 하는 사업(업무)에 대한 규정이 있는 근거 법령을 먼저 찾아보는 것이 목적물 분류를 할 때에 중요합니다.

앞의 예시처럼 '은행나무 열매 채취 사업'을 용역으로 발주하지 않기 위해서는요.

지금부터는 서울시 강북구에서 근무하는 박 주무관과 소규모 용역계약을 함께 발주해 보도록 하겠습니다.

> 서울특별시 강북구청에 근무하는 박 주무관은 입직 3년 차 서기이다. 그는 올해 초 인사 발령에 따라 교육지원과에서 근무하게 되었다. 박 주무관은 새로운 업무와 더불어 곧 자신이 추진할 '행사'로 인하여 매우 긴장 중이다.

지방자치단체는 참 다양한 행사를 개최합니다. 이런 행사는 시민에게 즐거움과 유용한 정보를 제공하기도 하고 또 반대로 시민의 협조가 필요한 지자체의 사업에 도움이 되기도 합니다.

이렇게 지자체에 꼭 필요한 행사를 성공적으로 개최하기 위해 많은 담당 공무원이 여러모로 고민과 노력을 해오고 있습니다. 그 노력을 완성도 있는 결실로 이뤄내기 위해 많은 경우 계약의 방법으로 행사를 운영하기도 합니다.

그렇다면 행사를 진행하기 위하여 무엇부터 고려해야 할까요?

2. 행사는 계약으로 해야 하나요?

박 주무관은 본인이 새로 맡은 사업에 대해 고민하며 얼마 후 개최하여야 할 행사에 대해 구상해 본다.

전임자가 작년에 잡아 놓은 행사 예산은 1,200만 원이다. 이 예산으로 우리 부서의 해당 정책사업을 홍보하고, 구민들의 많은 관심과 참여를 유도하는 것이 이 행사의 목적이다.

다른 지자체의 사례들을 검색하며 행사에 필요한 장비와 행사의 구성, 진행 순서 등에 대해 어느 정도 윤곽을 잡는다. 하지만 이후에 무엇을 해야할지 아직 막막하다. 아무래도 내가 직접 행사를 주관하기보다는 경험이 많은 업체에 맡기는 편이 매끄러울 것 같다. 막연하지만 일단 작년에 구청에서 들었던 계약실무교육이 생각나 교재를 찾아서 펼쳐보았다.

어떠한 방식으로 예산을 집행할 것인가?

사업을 구상하는 것과는 별개로 행사를 어떤 방식으로 운영할 것인지를 정해야 합니다. 행사라고 해서 무조건 대행 계약으로 진행해야 하는 것은 아닙니다.

사업 담당자가 필요한 물품(장비) 등을 직접 구입 또는 임차해서 행사를 직접 주관할 수도 있습니다. 물론 이럴 때도 필요한 물품을 구입(임차)하는 절차는 또 계약될 수도 있겠죠.

계약으로 진행한다면 어떠한 방식이 있을까?

계약에는 다양한 분류 방법이 있습니다.

이번 장 서두에서 보았던 것처럼 목적물의 유형으로 공사, 용역, 물품(제조·구입)/기타(임차 등)로 분류할 수 있고, 경쟁 형태별로 입찰(일반·제한·지명), 수의계약(1인견적·2인이상견적)으로 분류할 수도 있습니다. 또 계약체결 형태에 따라 총액·단가계약, 단독·공동계약 등 다양한 형태의 분류 기준이 있는데 사업의 성격과 예산, 관련 법령 등을 참고하여 가장 효율적이면서 최선의 결과를 끌어낼 방법이 무엇인가 고민해 보아야 합니다.

행사대행은 여러 규정에서 용역으로 명시하고 있으니 목적물 분류 고민은 덜었고, 이제 행사를 구체화하여 나머지 부분인 경쟁 형태나 계약체결 형태 등을 결정하면 됩니다.

용역의 종류에는 무엇이 있는가?

행사대행이 용역으로 분류되는 것은 국가계약법 및 지방계약법, 조달청 지침 등 다양한 규정 등에서 확인할 수 있습니다.

· 「국가계약법 시행규칙」 제8조 제1항 및 「지방계약법 시행규칙」 제8조 제1항

· 「조달청 행사대행용역 입찰 및 계약관리 지침」

그렇다면 용역에는 어떤 종류가 있을까요?

분류	기술용역	일반용역	
		학술용역	일반용역
정의	「엔지니어링산업진흥법」, 「건설기술진흥법」 등에 의한 타당성 조사, 설계, 감리, 조사, 관리 등 기술과 관련되는 용역	연구, 조사, 검사, 평가, 개발 등 지적 활동을 통하여 정책이나 시책 등의 자문에 제공되는 용역	기술용역 및 학술용역을 제외한 용역
대상	공사를 전제로 한 사업이나 시설물의 설계, 조사, 감리 등	사업계획 단계에서 광범위하고 심도 있게 분석되어야 할 시정 정책	시설물관리, 청소, 경비, 정보통신용역, 행사대행, (건설)폐기물 처리 등

<출처: 예산회계실무 기본서>

용역을 이렇게 분류하는 방식은 평상시엔 그다지 필요하지 않지만, 입찰에 부칠 경우 적격심사 평가 기준이 달라지므로 중요한 의미를 가집니다.

(지자체 기준)
기술용역 및 학술용역: 행안부 기준 적용
일반용역 : 소관부처 평가기준 및 광역시·도 기준 적용

단순히 분류 명칭에 의하면 기술용역은 기술이 필요한 용역, 일반용역은 기술이 필요하지 않은 용역처럼 생각할 수도 있지만 일반용

역으로 분류되는 시설물관리(승강기 유지보수, 소방시설물 유지보수 등)나 소프트웨어 용역 같은 경우에도 기술이 필요합니다.

관련업을 등록하기 위해서는 일정 요건의 '기술인력'도 충족하여야 합니다. 그런데 이런 용역이 기술용역으로 분류되지 않는 이유는 위 표의 기술용역 대상에서 '공사를 전제로 한'이라는 문구가 의미하듯 대체로 공사와 관계된 법령들에서 다루는 용역들을 대상으로 하기 때문입니다.

일상적인 시설물 유지관리나 소프트웨어 등의 분야는 기술이 필요하다 하더라도 일반용역으로 분류하니 혼동이 없어야 하겠습니다.

박 주무관이 추진하려는 행사대행 용역은 기술용역과 학술용역에 해당하지 않으니 일반용역으로 보면 되겠죠?

3. 계약 방식을 결정하려면 무엇부터 시작해야 하나요?

공무원이 되기 전 박 주무관이 생각하던 공무원의 삶은 업무적으로 큰 걱정이나 고뇌 없이, 정해진 매뉴얼대로 민원인이 떼어 달라는 서류나 떼어주다 6시에 칼퇴하는 이미지였다. 하지만 지금 그는 촉박한 일정에 이 행사를 제대로 치러내기 위해 생소한 '계약업무'와 그 밖에도 안전 관련 사항, 선거법 관련 사항, 의전 등을 알아보고 고민하느라 일주일 넘게 야근 중이다. 그나마 행사 예산의 규모가 크지 않아 투자심사 등 더 번거로운 절차들은 피했다.

지난 2년 동안 겨우 익혔던 업무는 벌써 잊혀가고 앞으로 전보 때마다 이렇게 새로운 업무를 맨땅에 헤딩하듯 맞닥뜨려야 하는 현실이 두렵다.

박 주무관은 일단 머릿속에 구상한 행사에 관한 내용을 문서로 정리해 '과업내용서'를 만들어본다.

나라장터에 있는 비슷한 행사 용역 공고 건이나 부서에서 수행하였던 다른 행사의 과업을 참고했다. 이제 이 과업내용서를 근거로 소요 예산을 산출해 내면 된다.

발주(계약) 방법 결정 전 해야 할 첫 번째, 과업내용서 만들기

계약 방법을 결정하기 전에, 행사에 대한 과업내용서(과업지시서)

와 소요 예산에 대한 산출내역을 작성하여야 경쟁 방법이나 계약체결 형태 등을 결정할 수 있습니다. 사업의 성격이나 소요예산에 따라 선택할 방법이 달라지기 때문입니다.

과업내용서는 말 그대로 우리가 계약 상대자에게 해당 계약에 대해 요구하는 내용을 모두 담고 있어야 합니다. 이 내용에 담지 않은 내용을 요구하거나 과업 내용과 다른 과업을 요구할 경우 문제가 될 수 있으므로 꼼꼼하게 작성하여야 하고, 부당한 요구가 포함되지 않았는지도 잘 살펴야 합니다.

> 「지방계약법」제6조 계약의 원칙 ③ 지방자치단체의 장 또는 계약 담당자는 계약을 체결할 때 이 법 및 관계 법령에 규정된 계약상대자의 계약상 이익을 부당하게 제한하는 특약이나 조건(이하 "부당한 특약등"이라 한다.)을 정하여서는 아니 되고, 부당한 특약등은 무효로 한다.

만약에 박 주무관의 행사가 지금과 같이 작은 규모에 어떻게 진행될지 구상이 가능한 행사가 아니라, 좀 더 창의성이나 전문성이 필요한 행사(용역)였다면 박 주무관이 스스로 과업내용서를 만들기가 쉽지 않았을 것입니다.

그런 경우 우리는 입찰의 여러 낙찰자 결정방법 중 '협상에 의한 계약' 방식이나 '경쟁적 대화에 의한 계약' 방식을 선택할 수도 있습니다.

「조달청 행사대행용역 입찰 및 계약관리 지침」에서는 행사대행용역의 협상에 의한 계약 방식에 대한 세부 내용도 규정하고 있으며, 실제로 나라장터에서 '행사' 용역 공고 건을 검색해 보면 적격심사 방식보다는 협상에 의한 계약 방식이 훨씬 많이 적용되고 있다는 것을 확인할 수 있습니다.

협상에 의한 계약은 '가격 점수'가 절대적인 비중을 차지하는 적격심사 방식에 비해 '가격 외 항목 점수'를 비중 있게 두어 평가하는 방식으로, 발주자는 용역 수행에 대한 가이드라인을 제시하고(제안요청서, 과업내용서 등) 입찰자(업체)가 사업의 구체적인 구상을 제안서 형식으로 만들어 제안서 입찰과 그 제안에 따른 산출내역으로 가격 입찰을 합니다.

발주자는 제안평가 점수와 가격 점수를 합산하여 선정한 1순위 업체와 업체가 제출한 제안서를 기준으로 과업을 협상하고(기술 협상), 과업의 조정에 따른 산출금액도 함께 조정하여(가격 협상) 최종적으로 과업 내용 및 산출금액(계약금액)을 확정합니다.

발주 시 소요되는 예산(발주 금액)은 어떻게 산출하는가?

소액 계약 발주 시 실무적으로 가장 흔하게 쓰는 가격산출 방법은 이른바, '쌍견적'입니다.(어감에서 느껴지지만 공식적인 용어는 아닙니다.)

이는 우리가 계약뿐 아니라, 계약서 작성을 생략하는 경우의 약식 계약 또는 카드 결제 등의 일반지출 방식의 경우에도 많이 씁니다. 아마 지출을 해보신 분이라면 대부분 이 '쌍견적'으로 가격을 산출한 경험이 있으실 텐데 우리가 이렇게 견적서를 2~3개 받아서 가격을 산출하는 근거에 대해 알고 계시나요?

이는 「국가계약법 시행령」 제9조 및 「지방계약법 시행령」 제10조

'예정가격의 결정기준'에 의한 방법입니다.

예정가격이란 '계약체결 전 낙찰자 및 계약금액 기준으로 삼기 위해 작성하는 가격'이라고 정의되어 있으며(국계법 제8조의2, 지계령 제2조) 실무적으로는 계약금액을 결정하기 위하여 조사하여 산출한 가격 정도로 생각하면 될 듯합니다. 결국 국계령 제9조 및 지계령 제10조에서 의미하는 '예정가격의 결정기준'은 계약에 이르기까지 근거가 되는 금액을 산출하는 방법에 관한 내용입니다.

'예정가격'은 계약체결 전 작성하는 기준 가격으로 전자입찰 시 예정가격의 작성은 기초금액을 기준으로 다수의 (견적)입찰차가 시스템을 통해 추첨한 평균 가격에 불과하며, 실제로 이 '예정가격의 결정기준'은 이러한 메커니즘에 대한 내용이 아니라 발주 시 사업금액을 적정하게 조사·산정하는 방법의 의미로 쓰임.

국계법 및 지계법에서는 예정가격의 산출 근거를 4가지로 규정하고 있는데 조금 어려울 수는 있지만 매우 중요한 내용이기에 함께 확인하고 가도록 하겠습니다.

> **지방계약법 시행령 제10조(예정가격의 결정기준)** ① 지방자치단체의 장 또는 계약 담당자는 다음 각 호의 가격을 기준으로 하여 예정가격을 결정하여야 한다.
>
> 1. 적정한 거래가 형성된 경우에는 행정안전부령으로 정하는 거래실례가격
> 2. 신규개발품, 특수규격품 등을 사용한 특수한 물품 · 공사 · 용역 등 계약의 특수성으로 인하여 적정한 거래실례가격이 없는 경우에는 원가계산에 의한 가격

3. 공사의 경우 이미 수행한 공사의 종류별 시장거래가격 등을 토대로 산정한 표준시장단가로서 관계 중앙행정기관의 장이 인정한 가격

4. 제1호부터 제3호까지에 따른 가격을 기준으로 할 수 없는 경우에는 감정가격, 유사한 물품·공사·용역 등의 거래실례가격 또는 견적가격

위 조항에서 그동안 자주 썼던 쌍견적 방법을 찾으셨나요? 눈에 띄는 단어가 있죠? 맨 마지막 줄의 '견적가격'. 우리는 이 지계령 제10조 제1항 제4호에 있는 '견적가격'을 근거로 하여 견적서로 가격을 비교해 산출하는 방법을 써왔던 것입니다. 그동안 근거도 모르고 견적가격을 적용해 온 분들이 있다면 근거를 찾아 반가울 수도 있지만 자세히 보면, 여기엔 지뢰 같은 단서 조항이 숨겨져 있습니다. 제1호부터 제3호까지에 따른 가격을 기준으로 할 수 없는 경우, 그 경우에만!(심지어 견적가격은 4호 안에서도 꼴찌 순위임) 소액이라도 예외 규정이 없어서 견적가격과 관련한 사항이 종종 감사에서 지적되기도 합니다.

○ 물품 구매와 관련하여 거래실례가격을 기준으로 예정가격을 결정할 때에는 조달청장이 조사하여 통보한 가격 등과 비교하도록 되어 있음에도

– 서울특별시 공무원수련원에서는 2012년 ~ 2015년 객실용 비품(비누와 트리오)을 구매를 위한 예정가격 결정 시, 해당 비품의 조달청 나라장터(G2B) 가격정보는 제외하고, 2개 특정업체로부터 제출받은 견적서 금액만 반영하여 예정가격을 결정하고, 계약을 체결함으로써 총 562천 원의 예산을 낭비하는 결과를 초래하였음

〈나라장터 가격과 특정업체 견적서 금액 비교에 따른 예산낭비액〉

(단위: 원, 개, 박스)

품 목	규격	단위	구입단가	조달청단가	구 매 수 량				예산낭비액
					2012	2013	2014	2015	
계									562,120
알뜨랑비누	130kg	개	495	464	3,120	3,120	2,720	560	295,120
트리오(하이퐁)	13.8kg	박스	17,000	14,000	34	25	20	10	267,000

↳ 공무원수련원장은 앞으로 물품 등을 구매할 경우 예산을 낭비하는 사례가 없도록 직무교육을 실시하도록 조치

<2015년 서울특별시 공사·용역·물품구매 계약 감사결과 지적사항 발간자료>

그렇기에 우리는 어렵더라도 견적가격을 쓰기 전 꼭 검토해야 하는 예정가격 결정기준 1호부터 3호까지를 알아두어야 합니다.

예정가격의 결정기준, 첫 번째 – 거래실례가격

거래실례(實例)가격의 종류로는 ① 조달청 가격정보, ② 기획재정부에 등록한 전문가격조사기관(현재 6개)이 공표한 가격 ③ 2인 이상의 사업자를 직접 조사한 가격 등이 있습니다.

하나씩 간단하게 살펴보자면 ① 조달청장이 조사·통보한 조달청가격정보는 나라장터에서 조회 및 다운로드할 수 있습니다. 주로 자재(물품) 가격 및 시공가격으로 많이 활용합니다.

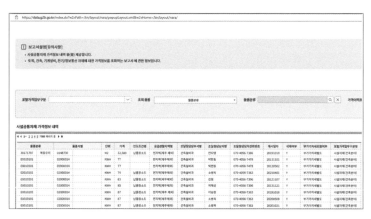

거래실례가격의 ②
기획재정부장관이 정하
는 기준에 적합한 전문
가격조사기관이 조사하

여 공표한 가격은 주로 이러한 책자의 형태로 접할 수 있습니다.(요즘은 온라인 구독도 많이 합니다.)

가격정보와 마찬가지로 공사 자재, 공사비 단가, 인건비 등의 가격을 책정할 때 주로 활용합니다.

③ '2인 이상의 사업자를 직접 조사한 가격'은 자칫 혼동하기 쉽지만 2인 이상에게 받은 '견적가격'과는 다른 개념입니다.

후자의 '견적가격'은 우리가 자주 쓰는 방법으로 업체가 각각의 항목에 대하여 '이 정도 금액으로 도급이 가능함'에 대한 가격제시라면 전자의 '2인 이상의 사업자를 직접 조사한 가격'은 실제로 해당 사업에 대해 계약(의 형태를 띠지 않은 것 포함), 집행, 대금 지급까지 완료된 경우로서 실제 집행된 거래금액을 반영하고자 사용하는 방법입니다.

따라서 이에 대한 증빙으로는 계약서(혹은 약정서 등의 형식도 가능)와 명세서(내역서), 카드 전표나 세금계산서와 같이 대금 지급 내역까지 확인할 수 있는 자료가 있어야 합니다.

예정가격의 결정기준, 두 번째 – 원가계산방법

보통 발주하려는 사업과 똑같은 거래를 찾기 어렵기에 도급사업에 있어서 거래실례보다 더 많이 쓰는 방식입니다.

100억 미만 공사·용역·물품 제조에 적용하며, 물품 '구입'의 경우에는 이미 가격이 산정된 완제품에 대해 굳이 원가 분석을 할 필요가 없기에 적용하지 않습니다. 기본적인 구성은 순공사비(재료비+노무비+경비)에 일반관리비와 이윤, 부가가치세를 덧붙인 것으로 용역과 물품 제조도 큰 틀에서는 같습니다.

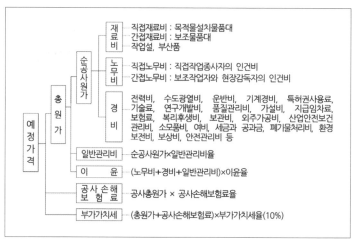

<공사원가의 체계>

참고로 **예정가격 결정기준 세 번째 –표준시장단가**는 추정가격 100
억 이상 공사에 적용하므로 이번 장에서는 생략합니다.

예정가격의 결정기준, 네 번째 – 감정가격, 유사거래실례가격, 견적가격(드디어!)

감정가격은 감정평가 법인이나 감정평가사가 감정평가한 가격을
뜻하고, 유사거래실례는 말 그대로 유사한 사업에 대한 거래실례가
격(예정가격결정기준의 첫 번째)을 뜻합니다.

견적가격은 네 번째 예정가격 결정기준 중에서도 순서가 위 두 가
지의 뒤에 있으므로 규정상으로는 가장 최후의 보루로 써야 하는 방
법입니다.

지방계약법 시행규칙 제10조(감정가격 등에 의한 예정가격의 결정) 영 제10조 제1항제4호에 따른 감정가격, 유사한 거래실례가격 또는 견적가격은 다음 각 호의 어느 하나의 가격을 말하며, 그 적용 순서는 다음 각 호의 순서에 따른다.

   1. 감정가격

   2. 유사한 거래실례가격

   3. 견적가격

견적가격은 앞서 본 거래실례가격이나 원가계산 방법과 마찬가지로 가격을 산출하는 여러 방법의 하나이므로 엄밀히 말하자면 견적서는 계약 상대자를 선택하기 위해 받는 자료가 아닙니다.

사업에 필요한 항목들을 추려서 항목별 가격을 서로 비교하여 사업금액을 산출하는 방법으로 견적서별 총금액이 아닌 항목별 금액을 조사하여 산출하는 것입니다.

<단위 : 원>

품명	규격	단위	수량(개)	조 사 금 액		산출단가	산출금액
				(가)업체단가	(나)업체단가		
A재료			3	3,000,000	2,500,000	2,500,000	7,500,000
B재료			2	500,000	600,000	500,000	1,000,000

시장 형성 가격을 조사하고자 견적서를 받아 항목별로 금액을 산출하는 경우, 표본이 많다면 시장 형성 (가중)평균가격으로 산출하지만 보통 견적서를 2~3개 받기에 그 중 최저가격으로 산출하는 것이 일반적임. 다만 이 경우에도 품질이 다른 항목끼리 비교할 수밖에 없는 경우는 품질을 고려하여 산출할 수 있음.

이렇게 표준시장단가를 제외한 세 가지의 예정가격 결정기준(산출방법)을 살펴보았는데, 사실 개념 정리는 되었다 하더라도 당장에 거래실례나 원가계산 방법을 우선순위대로 척척 적용하기는 쉽지 않을 것입니다.

큰 사업은 보통 공고를 통해 계약하는 경우(입찰, 2인이상견적수의)가 많으므로 원가계산 방법 등을 사용한다고 하더라도, 빈번히 발생하는 소액 지출 때마다 보통의 담당 공무원들이 원가계산서를 만드는 것은 매우 어려울 것입니다.(저도 마찬가지입니다.) 그렇다고 버젓이 명시된 예정가격 결정 기준의 순서를 무시할 수는 없겠죠. 위에서 보여드린 서울시 감사 사례처럼 소액인 경우에도 견적가격만으로 예정가격을 산출하는 것은 문제가 되니까요.

작은 사업이나 지출에 있어서는 내가 조사할 수 있는 선에서의 최선을 산출 근거로 남겨두는 것이 중요하다고 생각합니다.
예를 들면, 우측 표와 같이 견적가격으로 발주 금액을 산출한다고 할 때 최소한 내가 찾아볼 수 있는 조달청 가격정보나, 전문 조사기관이 공표한 가격(물가정보, 거래가격…) 등을 찾아서 산출기초조사서에 같이 기재해 준다면 '가격조사를 소홀히 함으로써 예산상의 손해가 발생하였다'는 감사 지적은 피할 수 있을 것입니다.

<단위 : 원>

품명	규격	단위	수량 (개)	조사 금액			산출단가	산출금액
				(가)업체단가	(나)업체단가	거래실례가격		
A재료			3	3,000,000	2,500,000	2,500,000 (가격정보)	2,500,000	7,500,000
B재료			2	500,000	600,000	550,000 (거래가격)	500,000	1,000,000
인건비			2	120,000	135,000	169,804 (대한건설협회 보통인부임)	169,804	339,608
…								
공급 가액				10,240,000	8,970,000	8,939,608		8,839,608
부가세				1,024,000	897,000	893,962		883,962
합계 금액				11,264,000	9,867,000	9,833,570		9,723,570

* 인건비의 경우 저가로 산출하지 않고 해당 사업에 대한 인건비 기준을 적용. 개별규정 등에 인건비가 없는 사업이라면 중소기업중앙회가 발표하는 단순노무종사원 기준을 적용하며, 사업의 성격에 따라 지자체별 생활임금을 적용하기도 함.

* 예정가격의 결정기준의 각 산출방법이 꼭 독립적으로만 사용되는 것은 아니며 상황에 따라 원가계산 시 재료비 등의 항목에 거래실례나 견적가격이 포함될 수도 있음(거래실례가격을 원가계산에 반영할 때 일반관리비 및 이윤 미적용)

◆◆◆

　여행을 좋아하는데 특히 유럽 여행을 좋아합니다.

　종종 필름 카메라를 들고 가는데 몇 년 전 파리에 진출해있다는 파리바게뜨가 궁금해서 방문했다가(마치 미국인 마이클 씨가 전주에 오픈한 전주비빔밥 같은 느낌이잖아요?) 창밖으로 신호수가 보여 찍었습니다.

　파리의 신호수라니, 영화제목 같지 않나요?

　물론 이런 낭만적인 생각을 한 것은 아닙니다.

계약업무를 하던 중에 갔기 때문에 그저 파리의 신호수도 안전관리비 같은 비용을 계상하는가, 이런 것들이 궁금했습니다.

여행 가서 보는 풍경이 풍경으로만 보이지 않고
'여긴 조경식재업이 발달했군',
'이 화단의 꽃은 3자 단가로 조달구매를 했을까?'
'여기도 계약담당 공무원은 일이 많을까?' 따위의 생각으로 이어 졌습니다.
영화도 개봉이 아닌 '개찰'했냐고 말이 튀어나오던 시기라 어쩔 수 없었습니다.
우리나라의 계약에 대해서도 아직 공부해야 할 것이 산더미지만, 기회가 된다면 세계의 계약제도에 대해서도 공부하고 싶네요.(이 책을 보시는 분 중에 저 같은 생각을 하시는 분이 분명 몇몇은 있겠죠?)

※ 사족
저는 이 여행에서 휴대전화를 소매치기당해서 길치 주제에 새벽녘 파리의 가로등 불빛에 종이지도를 비춰가며 겨우 공항에 도착해서 귀국했답니다.
#방심말자 유럽의 소매치기
#혼여 떠난 김 모 주무관 연락 두절 사태
#귀소본능은 길치, 방향치도 결국 집으로 이끈다.

4. 입찰? 수의계약? 어떤 것이 좋은 방법일까요?

박 주무관은 어려웠지만 원가계산 방법으로 용역금액을 1,150만 원으로 산출했다. 지방계약법에도 적용되는 '조달청 행사대행용역 입찰 및 계약 관리지침'에서 '예산산출내역서 작성' 부분을 참고하여 과업내용서에 있는 내용을 반영하여 작성하였다. 맞게 됐을지 자신은 없지만 강북구의 원가심사 대상금액이 용역은 1천만 원 이상이기에 오류가 있다면 심사에서 조정을 해 줄 것이다.

이제 이 금액을 기준으로 어떤 계약 방식이 좋을지 찾아보아야겠다.

행사대행 용역에서 많이 선택하는 경쟁방법은?

과업내용서와 소요되는 예산을 확정했다면 어떤 방식으로 계약하는 것이 가장 효율적일지 검토합니다.

행사의 규모가 크지 않고 행사 진행에 대한 구상이 완료되었으므로 협상에 의한 계약은 제외, 적격심사로 낙찰자를 결정하는 방식도 있지만 용역 입찰의 경우에는 실적 제한이 가능한 경우가 거의 없기에(지방 계약 기준 기획재정부 장관 고시금액 이상이면서 특수한 기술이 필요한 용역인 경우에만 실적 제한이 허용됨) 낙찰자의 경험이나 전문성을 담보하기가 어렵습니다.

행사 용역의 경우 계약 상대자의 경험과 숙련도가 매우 중요한 요소이기에 적격심사 방식이 선호되지 않습니다.

그래서 이런 경우 발주처는 계약을 위해 산출한 예산 금액이 허용 범위 안에 들어온다면 경험이나 전문성이 풍부한 업체를 선택하여 발주할 수 있는 '1인견적수의계약'의 방법을 주로 선호합니다.

이왕에 같은 예산을 쓰고 고생하는데 불특정한 업체가 맡아 혹여 결과가 좋지 않게 되면 곤란하기에 그나마 사업의 품질 확보를 위해 어느 정도 검증이 된 업체 중에 선택할 수 있기 때문이죠.

하지만 이렇듯 '선택'이라는 발주처의 재량이 발생하는 방법이기에 더더욱 책임감을 가지고 적용하여야 합니다.

> 박 주무관은 예산의 범위 안에서 행사를 잘 치러줄 수 있는 경험과 실력이 있는 업체를 찾아 1인견적수의계약 방법으로 계약을 진행하기로 했다.
>
> 강북구는 수의계약을 발주하기 전 관내 업체의 참여 독려 및 업체 선정의 공정성과 투명성을 확보하기 위하여 구청 홈페이지(계약정보공개시스템)에 3일 이상 견적서 제출 안내를 게시하는 절차가 의무화되어 있다.
> 이 절차는 원가계산으로 산출한 소요예산 금액의 조정 효과와 더불어 업체 선정을 위한 견적입찰(투찰) 효과를 기대할 수 있다.

행사는 특별한 기술이 필요한 용역?

'1인견적수의계약'의 사유는 '금액' 기준 이하인 경우 말고도 많습니다. 하지만 금액 기준이 가장 객관적이기에 가장 많이 적용합니다.

간혹 행사대행이나 공연 등의 용역을 금액 기준이 아닌 다른 사유를 들어 1인견적수의계약으로 진행하는 경우가 있는데, 이 경우 신중하게 접근하여야 합니다. 특히 지방계약법 시행령 제25조 제1항 제4호의 '자'목의 특정인의 기술 등의 사유를 들어 1인견적수의계약의 금액 범위를 넘어선 행사나 공연을 1인 수의로 발주하는 경우가 있는데, 4호는 '특정인의 기술 · 용역 등으로 인하여 경쟁할 수 없는 경우로서 다음 각 목의 경우'라고 한정하고 있습니다. 즉, '경쟁을 할 수 없는 경우'에 해당해야만 하위의 여러 목을 적용할 수 있습니다.

행사에 어떤 가수가 꼭 와야 한다고 정해놓고 특정인이 필요하다고 하거나, 공연을 어떤 것으로 해야겠다고 정해놓고 저작권이 이 업체뿐이라는 사유를 제시하는 것은 경쟁할 수 없는 경우로 보기는 어렵습니다. 법령이 예술 등의 분야에 대해 조금 더 보완된다면 좋겠지만 현재로서는 이러한 사유로 계약한 1인견적수의계약 사례들이 감사에서 지적되기도 합니다.

이럴 때 활용이 가능한 방법이 '협상에 의한 계약'이나 '2단계 경쟁' 등의 방법입니다.

계약은 기본적으로 자격이 있는 자는 누구나 참여하는 '일반경쟁입찰'이 원칙이기에 '제한'을 하거나 '수의' 계약을 할 때에는 요건에 해당하는지 꼼꼼히 따져보아야 합니다.

어렵고 번거롭더라도, 혹은 담당으로서 원하는 결과를 얻지 못할지 우려가 된다고 하더라도 법령에 명시된 절차를 지키는 것은 공직자로서의 기본이니까요.

1인견적수의계약으로 발주하면 견적서를 한 개만 받아도 될까?

보통 수의계약이라 부르는, 업체를 선택하여 계약요청을 하는 수의계약과 달리, 재량이 없는(업체를 선택할 수 없는) 수의계약도 있습니다.

2인이상견적수의계약 또는 소액수의/전자공개수의로 불리는 방식이며 국가계약법·지방계약법에서는 수의계약의 허용 대상인 경우 이 '2인이상견적수의계약'을 기본으로 하고 1인견적수의계약을 수의계약 중에서도 부분적으로만 허용하고 있습니다.

'1인견적수의계약'과 '2인이상견적수의계약'에서의 이 '견적'이라는 부분으로 인해 이 질문을 많이 합니다. "1인견적수의계약은 비교견적이 필요 없이 견적서를 한 개만 받으면 되나요?"

이 오해를 풀기 위해 '견적'이라는 용어의 구분과 쓰임을 구체적으로 살펴보도록 하겠습니다.

<견적서의 구분>

	'견적'가격	1인 '견적'수의계약 2인 이상 '견적' 수의계약
관련 규정	지방계약법 시행령 제10조	지방계약법 시행령 제25조, 제30조 등
의미	예정가격 작성 시 거래실례, 원가계산 등과 함께 결정기준이 되는 조사가격(쌍견적)	수의계약에서의 '입찰서' (견적입찰)
적용 단계	(주로) 발주 전, 계약에 소요되는 예산 산출 시	발주 후, 수의계약 상대자 선정 혹은 수의 시담 시

수의계약의 분류로서 1인견적수의계약, 2인이상견적 수의계약의 '견적'은 앞서 다룬 가격산출 시 받는 견적가격의 '견적'과는 다른 개념으로 입찰 과정의 '입찰서'와 매우 유사한 역할을 합니다.

위 표에 왼쪽 '견적가격'은 주로 발주 전 사업에 소요되는 금액을 산출하기 위하여 예정가격의 작성기준에 따라 산출한 가격이고, 오른쪽의 1인 '견적', 2인 이상 '견적'의 '견적'은 발주 후, 1인(특정인)에게 견적서(입찰서)를 받느냐, 2인 이상 '다수'에게 견적서(입찰서)를 받느냐로 수의계약 방식을 구분하는 입찰서의 개념입니다.

입찰서(입찰) ≒ 견적서(수의)

입찰공고

수의견적제출 안내공고

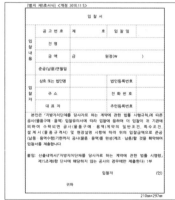

　요즘은 대부분 전자입찰을 하지만 현장입찰을 한다면 저런 광경일 것입니다.(물론 그림 속 서면 입찰서는 밀봉하여 투찰하여야 합니다.) 그런데 입찰과 거의 비슷한 방법으로 계약 상대자가 가려지는 수의계

약도 있습니다. 입찰공고처럼 안내공고를 올려 '입찰서'처럼 '견적서'로 금액 투찰을 받아 입찰과 마찬가지로 예정가격 기준 낙찰하한률 직상의 최저가 업체를 1순위로 가려내는 수의계약입니다.

좌측 그림에서 보시다시피 좌측 '입찰서'와 우측 '견적서'는 어떤 공고 건에 대하여 어느 회사에서 얼마의 금액에 투찰하겠다는 내용이 기재된 것으로 양식은 다르지만, 그 내용은 거의 같습니다.

그렇다면 왜 입찰처럼 공고를 올려서 불특정 다수에게 투찰을 받는 2인이상견적수의를 '수의'라 부르는 것일까요?

'2인이상견적수의' 계약은 계약 상대자를 선택할 수 없음은 입찰과 같지만, 입찰과는 달리 '적격성'을 심사하는 과정이 없으므로 적격성 심사를 통과한 '낙찰자'와 계약하는 '입찰'과 구분하는 것입니다.

'1인견적수의' 계약은 견적서(입찰서)를 받아 가격 시담을 할 업체를 특정(1인견적)하여 발주하는 방식인데, 이 경우에도 발주 금액의 산출을 위하여 거래실례, 원가계산, 감정가나 유사거래실례 혹은 견적가격을 순서대로 적용하고, 만약 견적가격으로 발주 금액을 산출하는 경우에는 당연히 한 업체의 견적서만으로 가격을 산출하기엔 무리가 있을 테니 2~3곳 이상을 조사하는 것이 일반적이겠죠.

* 국계령 제7조의2제2항 및 지계령 제8조제2항에 따라 1인견적수의의 경우 예정가격 작성 생략이 가능하므로 실무적으로는 이와 더불어 1인에게 견적서(입찰서)를 받는 절차를 생략하는 경우가 많으며, 보통 이 경우 '견적가격' 산출을 위한 견적서 제출로 갈음하는 것으로 보기도 함.

* 강북구의 참여희망견적 제출 안내제도와 같이 견적가격 작성 및 업체의 수의계약 참여를 위한 견적서가 필요할 때, 지정정보처리장치 g2b나 s2b 에 간단하게 과업내용 혹은 규격서를 올려 견적서를 받을 수도 있음.

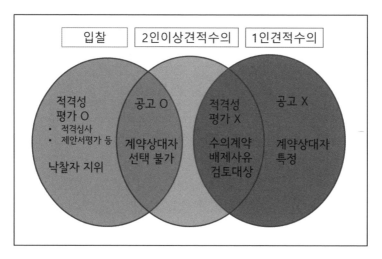

<입찰, 2인이상견적수의, 1인견적수의 비교>

지방계약 기준 시행령 제25조~제27조에 있는 수의계약의 방식을 '2인이상견적'으로 해야하는지 '1인견적'도 허용하는지 등의 규정이 시행령 제30조에 있으므로 반드시 확인하여야 한다.

5. 용역과 물품계약을 발주할 때 꼭 확인해야 할 것은?(판로지원법)

박 주무관은 강북구청 홈페이지에 수의계약 참여 희망업체 안내를 올리기 전 최종적으로 계약 상대자의 자격요건을 검토한다.

「지방계약법」 제14조 제2항에 의하여 전자계약 체결을 위해 나라장터에 등록이 된 업체일 것. (행사대행업 등 관련업종으로 등록)

계약실무교재를 보니 용역과 물품의 발주 시에는 관련업 면허나 신고 등이 필요한 경우 이를 확인하고 특히 중소기업자 간 경쟁 또는 우선조달 대상 여부도 확인하라고 되어 있어 일단 중기 간 경쟁 제품 고시내역과 판로지원법을 찾아보았다.

행사대행용역은 중기 간 경쟁 제품에 해당하고, 추정가격 1천만 원 이상으로 발주 예정이므로 행사분야 '직접생산'을 하는 '중소기업'으로 자격을 수정하여 안내문을 게시하였다.

용역과 물품계약을 발주할 때 꼭 챙겨야 할 중요한 사항이 하나 있는데 '중소기업자 간 경쟁 제품' 혹은 '중소기업자와의 우선조달계약'입니다.

이는 중소벤처기업부의 「중소기업제품 구매촉진 및 판로지원에 관한 법률(약칭: 판로지원법)」에 포함된 내용으로 '공공기관'이라면 의무적으로 적용하여야 합니다.(* 출자 · 출연기관은 「판로지원법」상 '공공기

관'에 해당하지 않으므로 이 법을 적용할 의무가 없음)

중소기업이 이런 제도를 통해 수주 기회를 확대하여 경쟁력을 쌓아갈 수 있도록 제정한 법률로, 용역과 물품을 발주할 시 우리가 살펴보아야 할 두 가지 사항은

1. '중소기업자 간 경쟁 제품'의 여부

2. 위 1에 해당하지 않는 경우 입찰 시 '중소기업자 우선조달제도' 적용 여부입니다.

중소기업자 간 경쟁제도란?

중소기업자 간 경쟁제도란 '공공기관'의 연간 구매 수요가 20억 원 이상인 제품을 '중소기업자 간 경쟁 제품'으로 지정하여, 해당 제품에 대해 공공기관에서는 중소기업자가 생산하는 제품만 구매하도록 의무화하는 제도입니다. 2025년 1월 기준 610품목이 지정되어 있습니다.(물품이 절대적으로 많고, 용역이 일부 있습니다.)

대분류		소분류		세부분류			특이사항	공사용 자재 직접구매 대상품목
번호	대분류	번호	제품명	세부품명번호		세부품명		
76	산업위생관련서비스	78115	일반건물 및 사무실 청소업	7611150101		건물청소서비스	공공기관이 자회사와 수의계약하는 경우 제외	
78	운송과 보관과 우편관련서비스	78118	도로수송	7811189901		공공기관통근운송서비스		
				7811189902		통학운송서비스		
				7811189904		기타도로여객운송서비스		
80	경영관련서비스	80146	판매 및 판촉활동	8014162201		우편발송서비스		
		80149	전시회, 회의 및 행사대행서비스	8014190201		회의기획 및 대행서비스	추정가격 10억 원 미만에 한함	
				8014198801		전시회기획 및 대행서비스		
				8014198901		국제행사기획 및 대행서비스	추정가격 10억 원 미만에 한함	
				8014199001		기타행사기획 및 대행서비스	추정가격 10억 원 미만에 한함	

<중소기업자간 경쟁 제품 및 공사용자재 직접구매 대상 품목 지정 내역_중소벤처기업부 고시>

구매하려는 물품(또는 용역)이 경쟁 제품으로 지정이 되어있다면 입찰 시 중·소기업·소상공인으로 제한을 두어야 하며, 수의계약의 경우에도 대기업이나 중견기업과의 계약이 제한됩니다.

중소기업자 간 경쟁 제품의 직접생산 여부는 어떻게 확인할까?

또 이 제도는 경쟁 제품에 대하여 중소기업이 '직접생산'하는 제품에 한하여 공공기관의 구매를 의무화하는 것이므로 수요기관은 경쟁 제품을 구매할 시 '직접생산' 여부를 확인하여야 하는데, 의무 확인 대상은 추정가격 1천만 원 이상의 경우입니다.

확인 방법은 기관장이 공장이나 설비, 공정, 인력 등을 확인하거나 이미 확인된 내용으로 발급되는 '직접생산확인증명서'를 통하여 증빙하는 방법이 있습니다.

직접생산확인증명서는 세부품명을 기준으로 확인하여야 하므로 보유 여부 자체를 확인하는 것이 아닌, '해당하는 세부품명'에 대한 증명을 보유하였는지를 확인하여야 합니다.

아래의 입찰참가자격을 모두 갖춘 자이어야 합니다.
○ 국가종합전자조달시스템 입찰참가자격등록규정에 따라 반드시 전자입찰서 제출 마감일 전일까지 나라장터(G2B시스템)에 아래의 사항을 모두 입찰참가자격으로 등록한 자
  - [기타자유업(행사대행업)(9901)] 업종을 등록한 업체
○ 「중소기업제품 구매촉진 및 판로지원에 관한 법률」 제9조 및 같은 법 시행령 제10조의 규정에 따라 직접생산확인증명서[기타행사기획 및 대행서비스(8014199001)]를 소지한 자.
○ 「중소기업기본법」 제2조에 따른 중소기업자 또는 「소상공인 보호 및 지원에 관한 법률」 제2조에 따른 소상공인으로서 「중소기업 범위 및 확인에 관한 규정」에 따라 발급된 중소기업·소상공인 확인서를 소지한 자

◇ '중소기업·소상공인확인서' 및 '직접생산확인증명서'가 중소기업제품 공공구매 종합정보망(http://www.smpp.go.kr)에서 확인(전자입찰서 제출 마감일 전일까지 발급된 것으로서 전자입찰서 제출 마감일까지 계속 유지되어야 함)되지 않을 경우 입찰참가자격이 없습니다.

<조달청 공고 행사대행용역 입찰참가자격(예시)>

<직접생산확인증명서(예시)>

중소기업 우선조달제도란?

중소기업 경쟁 제품에 해당하지 않는다면 용역·물품의 입찰 시 소기업·소상공인, 중기업 등 금액 구간별로 나누어 입찰참가자격을 제한하는 중소기업 우선조달계약제도의 적용을 검토합니다.

이는 중소기업 경쟁 제품에 해당하지 않는 용역과 물품에 대하여 판로지원법 시행령 제2조의3의 예외 사유(학술연구 등)에 해당하지 않는다면 의무적으로 적용하여야 합니다.

금액 구간별 '중기업 확인서' 또는 '소기업(소상공인) 확인서'는 필요하지만 '직접생산'에 대한 확인 의무는 없습니다.

박 주무관의 경우는 발주하려는 사업(행사대행용역)이 중소기업자 간 경쟁 제품이고, 추정가격이 1천만 원이 넘으며, 1인견적수의계약 방식으로 발주할 예정이니 '직접생산확인이 가능한 중·소기업자' 중에 계약 상대자를 선택하여 발주하면 되겠죠?

6. 품의 시 챙겨야 할 것은 무엇이 있을까요?

드디어 계약 발주까지 거의 다 온 듯하다.
박 주무관은 구청 홈페이지에 올려둔 수의계약 참여 희망업체 안내를 통해 한 개의 업체에서 견적서를 받았고, 몇 년 전 부서에서 행사대행용역을 성공적으로 치러냈던 업체 두 곳에도 연락하여 견적서를 받았다. 견적서 제출 가격과 업체의 경험 등을 비교하여 최종 업체를 선정하였다.
원가계산으로 산출한 발주금액에 항목별 견적가격을 비교하여 다시 재산출한 금액으로 계약심사를 의뢰하였고 조정 없이 반영되었다. 품의서 작성 이전에 일단 이호조에서 행사 예산이 부서에 배정이 되었는지 확인한 후, '지출품의 등록요청' 메뉴에서 품의를 시작한다.

품의서 작성 전에 무엇을 해야 하나?

과업내용과 소요예산 산출을 바탕으로 계약 방식까지 정했다면, 이 내용에 대해 원가심사(계약심사) 및 일상감사를 받아야 합니다.

원가심사나 일상감사는 지방계약법에서 정해놓은 범위 안에서 기관별 별도 기준을 수립하여 시행합니다.

일상감사는 사업 및 사업 집행 방법의 적법성과 타당성, 적정성 등을 심사하는 과정이며, 원가심사(계약심사)는 원가 및 설계변경 심사를 통해 적정 원가를 심사하는 절차입니다.

박 주무관이 근무하는 서울시 강북구의 경우, 행사대행이 포함되는 일반용역 기준 원가심사는 추정금액 기준 1천만 원 이상, 일상감사는 수의계약 공통으로 추정가격 기준 2천만 원 초과의 경우에 거쳐야 합니다.

추정가격: 부가세와 관급 자재비를 제외한 금액
추정금액: 부가세와 도급자(계약 상대자)가 설치하는 관급 자재비를 포함한 금액

따라서 일상감사는 해당하지 않으니 계약심사 요청 공문만 보내 회신을 받은 후, 그 내역을 반영하여 발주하면 됩니다.

일상감사나 원가심사는 계약 발주 시 반드시 대상 여부를 확인해야 하는 절차이고 이 외에도 사업별·기관별 심의 절차 등을 확인 후 이행(서울시의 경우 학술용역 심의, 정보화 심의, 기술용역타당성 심의 등이 있음)

박 주무관은 이호조 연계 기능을 이용하여 전자결재시스템에서 계약발주 품의서를 작성한다. 품의서에는 직전에 세워둔 행사 방침서와 그동안 고민해서 준비해 온 과업내용서, 산출내역서 등을 첨부하고 업체의 자격을 증빙할 소기업확인서 및 직접생산확인증명서도 함께 첨부하였다. 행사 후에 하자가 생길 수 있는 사업이 아니므로 하자담보기간은 따로 기재하지 않았다.
다만, 1인견적수의계약을 발주할 때는 특히 수의계약의 명확한 근거가 중요하므로 지방계약법 시행령 제30조에 있는 금액 기준 근거를 기재하였다.

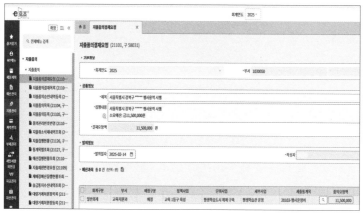

<품의서 작성을 위한 e호조–전자결재시스템 연계>

　　계약발주 서류는 품의서 종류 중 하나이므로 품의서의 역할에도 충실하게 작성되어야 합니다. 예산의 집행 내역, 집행 방법, 사용할 예산의 통계목과 종류, 집행하고자 하는 예산의 산출 근거 등 비계약 지출 건과 크게 다르지는 않습니다.

　　다만 카드결제나 계좌이체로 바로 지급하는 방식이 아닌 '계약'을 통한 예산집행이기에 계약발주 및 사업과 관련된 필요 서류를 첨부해 주어야 합니다.(원가심사, 일상감사 관련, 해당 시 수의계약요청사유서, 중소기업확인서, 여성기업확인서, 중소기업제품 직접생산확인증명서 등)

구 분	첨부서류	확인사항
1인견적 수의계약	- 기안문 (e-호조 품의번호 기재) - 사업 시행 방첨서 - 과업지시서, 시방서 등 - 산출기초조사서 - 산출기초조사서에 대한 증빙(견적서 등) - 수의계약 사유서 - 수의계약 각서 - 각종 사전심의 결과서 - 청렴계약이행서약서(발주) - 부당계약특수조건 체크리스트 - 사업자등록 및 면허등록증	① 부서별 사전 절차 ② 발주계획 (서울계약마당) 등록 ③ 부당계약 여부 확인 ④ 수의계약 체결 가능 여부 　- 실·국·본부 및 사업소 기관별 동일업체와 4회 초과 및 시 전체 9회 초과 체결 여부 ⑤ 수의계약 배제사유 해당 여부 ⑥ (1천만원 이상, 중소기업자간 경쟁 제품) 직접생산증명서 확인

- 사업담당자는 계약부서(재무과)로 계약 의뢰 시 아래 서류를 첨부하여 전자송신

<계약의뢰 시 첨부서류 및 확인사항_한눈에 보는 서울 계약>

* 위 사항은 서울시 기준을 예시로 든 것이므로 각 기관에 맞게 작성하여야 함

강북구에 근무하는 박 주무관의 경우를 예시로 들자면 아래와 같을 것입니다.

내 삶에 힘이 되는 강북!

강 북 구

수신자 내부결재
(경유)
제 목 강북구 ***** 행사 용역 시행

우리 구의 %%%% 사업과 관련하여 사업 홍보 및 주민 참여 유도를 위한 ***** 행사 대행 용역을 아래와 같이 시행하고자 합니다.
1. 용 역 명: 2025년 강북구 ***** 행사 용역
2. 용역기간: 2025. 3. 17.-3. 28.(행사일: 2025. 3. 27.)
3. 소요예산: 금11,500,000원 (금일천일백오십만원)
4. 계약방법: 1인견적수의계약
5. 수의계약사유:「지방자치단체를 당사자로 하는 계약에 관한 법률 시행령」제30조 제1항
   제2호에 따른 추정가격 2천만원 이하의 용역
6. 계약상대자: ###기획 김&&(강북구 오패산로 000)
7. 예산과목: 교육지원과, 교육1등구 육성, 평생학습도시 체계 구축, 평생학습관 운영,
   일반운영비, 행사운영비

붙임 1. 사업방침서 1부.
   2. 청렴계약이행서약서 1부.
   3. 과업내용서 1부.
   4. 용역 산출기초조사서 1부 및 원가계산서 1부, 견적서 2부
   5. 수의계약 요청 사유서 1부.
   6. 참여희망업체 견적제출 안내 현황 1부.
   7. 계약심사 결과 통지서 1부.
   8. 소기업확인서 및 직접생산확인증명서 각 1부.
   9. 수의계약 체결 제한 체크리스트 1부. 끝.

강북구 회계관리에 관한 규칙

[별표3] 회계담당부서 재정합의 대상 경비(제6조 제1항 관련)

대상경비	합의대상금액		
	국장	과장	팀장
1. 공사계약과 관련된 경비	1억 원 이상	1억 원 미만 2,000만 원 이상	2,000만 원 미만
2. 용역 또는 물품 제조·구매	5,000만 원 이상	5,000만 원 미만 500만 원 이상	500만 원 미만

주무관	**박강북**	교육지원팀장	**김강북**	교육지원과장	**이강복**
협조자	계약팀장 **최계약**	재무과장		**강재무**	

시행 교육지원과-1234 (   ) 접수   (   )
우 01133   서울특별시 강북구 도봉로89길 13, 강북구청/ www.gagnbuk.go.kr
전화 02-901-1234 /전송 02-901-00 /abcde@gangbuk.go.kr / 대시민공개

발주 품의서류 결재완료 후, 이호조 품의까지 마무리하고 발주서류를 회계 부서에 전달까지 하고 나면, 이제 박 주무관이 발주와 관련하여 할 일은 모두 끝났습니다.

발주에 문제가 없다면 이제 이 발주서류(품의서)는 계약서가 되어

돌아올 것입니다.

　계약 부서에서는 박 주무관의 자료를 검토하여 이상이 있다면 보완 요청을 할 것이고, 이상이 없다면 박 주무관이 지정한 1인의 사업자에 가격견적서(입찰서)를 받아(1인견적) 시담 및 가격 조정을 하여 최종 계약금액을 확정한 후에 계약 체결을 할 것입니다.

7. 행사 용역에서 특히 주의해야 할 사항이 있을까요?

행사 용역에 있어서 빈번하게 문제가 되는 부분이 있습니다.

'정산' 관련 부분인데요. 대부분의 계약은 '총액 확정 계약'의 형태로 이루어집니다.('확정계약'과 대비되는 '개산계약', '사후원가검토부계약'에 대해서는 4장 공사계약에 자세한 설명이 나오니 참고하시기 바랍니다.)

특별한 사유가 없는 한, 행사 용역도 마찬가지로 '확정계약'인 경우가 대부분인데 일반용역, 그 중 특히 행사 용역은 근거 없이 계약금액의 조정(정산)을 요구하는 경우가 많습니다.

개산계약이나 사후원가검토부계약의 조건에 해당하여 입찰 혹은 계약 시 해당 사항을 명시하고 정산 조건을 두지 않는다면 보험료나 퇴직급여충당금 등 타규정에 의한 정산 대상을 제외하고는 정산을 할 수 없습니다.

예를 들어, 계약내역에 있는 행사 관련 어떤 물품(재료비 혹은 경비)의 단가가 100,000원이었는데 이 부분에 대해 영수증과 같은 증빙자료를 요청하여 그 금액대로 정산하거나 혹은 최저가를 검색하여 차액을 감액하는 등의 사례가 있는데 모두 불가합니다.

「조달청 행사대행용역 입찰 및 계약관리 지침」에 관련 내용이 있으며, 행안부에서도 이에 대하여 불합리한 정산을 하지 않도록 여러 차례 안내 및 답변을 하고 있으니 꼭 기억해두시기 바랍니다.

8. 용역계약을 마무리하며

 박 주무관과 소액 행사 용역 발주를 함께 해보았는데 어떠셨나요? 어려우셨나요?

 개념을 이해시켜 드리고자 조금은 길고 자세한 설명을 붙여드렸지만 한번 개념 정립이 되면 사고 과정이 한결 단순해집니다.

 계약은 그 자체가 목적이 아닌 수단이기에 박 주무관은 이제야 행사를 진행할 준비 한 가지를 끝냈을 뿐이죠. 하지만 그 계약이라는 수단이 적법하고 정당성 있게 집행되지 않는다면 매우 큰 화살이 되어 그동안 고생한 나를 공격할 수도 있습니다.

 꼭 계약이나 회계업무가 아니라도 마찬가지겠지만 우리가 돈. 즉, 예산을 집행하는 업무를 할 때, 특히나 발주자의 재량이나 판단 부분이 개입되는 상황에서는 객관성을 잃지 않는 것이 중요합니다. 그리고 그만큼이나 중요한 것은 이 '객관성'을 증빙할 근거를 만들어 두는 일입니다.

 애써 고생하며 최선이라고 도출한 방법에 대해 발주자로서 이러한 판단에 이르기까지 참고한 근거, 혹은 비교 대상 등을 통한 사고 도출 과정을 문서로 남겨두어야 훗날 나를 보호하고 대시민에 납득

이 될 만한 자료가 되어 줄 것입니다.

　그것이 바로 「지방회계법」 제5조의 '지방자치단체의 회계는 신뢰할 수 있는 객관적인 자료와 증명서류에 의하여 공정하게 처리되어야' 한다는 원칙을 지키는 방법이기도 합니다.

3장

물품계약

0. 물품계약에 들어가며

계약 담당자가 되면 물품, 용역, 공사라는 단어를 자주 듣게 됩니다. 계약에 대해서 배우면 배울수록 모르는 내용들이 많아집니다.

모르는 내용이 많다 보니 확신이 없어지게 되고, 그러다 계약체결과 이행 과정에서 사고가 나면, 밀려오는 계약체결과 대금 지급 업무 외에 처리해야 될 일이 부가적으로 생기기 때문에 '계약은 싫어', '도망가야지'라는 말을 입버릇처럼 하게 됩니다.

고민해서 해결되면 다행입니다. 분쟁이 소송으로 가게 된다면 집에 가지 못하는 것은 물론이고, 법원과 검찰청까지 방문해야 합니다.

물품계약을 집필하면서 계속 저의 머리에 대고 이야기했습니다.

첫 번째로 1시간 만에 읽을 수 있는 책을 만들자. 책을 덮고 또 읽어야지 하게 되면 결국엔 읽지 않게 되니, 한 번에 읽을 수 있는 책을 만들자!

두 번째는 이해 안 가는 부분을 위해 또 다른 책을 펴지 않을 정도로 쉽게 만들자! 그래야 두 번, 세 번 보게 되고, 책의 내용을 온전히

내 것으로 만들 수 있다. 그래서 어려운 단어나 인터넷에서 검색해야 이해되는 부분들은 서술을 지양하였습니다.

마지막으로 계약과 친해지게 만들자! 지금 다루는 내용은 물품계약에 어떻게 접근하는가와 물품계약을 시작하면서 알아두어야 할 내용들, 한 번쯤 고민해 보았던 내용들입니다.

이 세 가지가 충족되어 책을 읽다 보면, 분명 물품계약에 자신감이 생기게 될 것이고, 용역과 공사 분야까지 배움을 넓혀서 자신감을 가지게 될 것으로 믿습니다.

돌이켜 보면, 처음 계약 업무를 시작할 때 정말 좋은 사수를 만났습니다. 아직도 존경해 마지않는 사수는 제게 처음부터 계약체결 업무를 시키지 않고, 법을 보는 법부터 알려주었습니다.

계약 팀장님은 제가 부족하든 또는 넘치든 항상 저를 믿어주시고, 심지어 그 은혜를 다 갚지도 못하고 기관을 떠날 때도 응원해 주셨습니다. 이 두 분이 계시지 않았다면, 지금의 저도 없었을 것입니다.

이 자리를 빌려 다시 한번 사람답게 살 수 있게 해주셔서 감사하다는 인사를 드립니다.

계약 업무를 10년 넘게 하면서,《예산회계실무》카페에서 계약담당 공무원분을 만나면 느끼는 점이 있습니다. 대부분의 계약 담당자가 기본기를 갖추지 못한 채 계약 업무를 시작하고 있다는 것입니다. 그래서 계약 담당자들이 계약과 멀어진다는 것을 알게 되었습니다.

지금 9급, 8급 공무원에게 회계와 계약은 피해야 할 업무라는 인식이 강하다는 안타까운 말을 전해 들었습니다.

제 경험과 주변 이야기를 고루 들어가며, 이 책을 읽는 독자들이 어떻게 계약과 친해지게 만들 수 있을까 많이 고민하며 집필하였습니다.

초반부 내용으로 물품계약이 어떻게 진행되는지 감을 잡고, 물품계약에서 빈번한 질문들과 그에 대한 답을 보면서 용역이나 공사계약보다는 쉬운 물품계약에서 자신감을 얻게 되었으면 좋겠습니다. 여기서 다룬 내용을 익히는 것만으로도 물품계약에서는 저자만큼의 실력을 갖추게 될 것이라고 믿습니다.

국가를 위해 봉사하시는 공무원에게 항상 감사하다고 말씀드리며, 제 이야기를 시작해 보겠습니다.

1. 물품계약 체결 결정 방법 1단계

계약 담당자로서 사업 부서가 요청한 물품을 구매하려고 할 때 어떻게 해야 할지 감이 오지 않을 때가 많습니다.

그래서 준비했습니다. 물품계약 결정 방법 3단계!

첫 번째는 사업 부서에서 구매를 요청한 물품이 나라장터 종합쇼핑몰에 있는 물품인가 찾아보는 것입니다.

나라장터 종합쇼핑몰에 있는 물품은 조달청이 입찰을 거쳐 등록한 것입니다. 그래서 내·외부 감사기관은 계약 담당자가 종합쇼핑몰로 구매한 건을 감사하지 않습니다.

간혹 나라장터 종합쇼핑몰에 있는 물품이더라도 비교 견적을 받아야 하는지 주사님들의 질의가 많습니다. 앞서 말한 것처럼 조달청이 입찰을 거치고, 등록할 제품을 선정했기 때문에 가격조사를 할 필요가 없습니다. 그냥 구매하면 됩니다.

반대로 종합쇼핑몰에 있는 물품인데 시중에서 쇼핑몰 금액보다 저렴하게 구매한다면, 시장가격 문란으로 구매 담당자와 판매한 업체가 제재를 받게 됩니다.

종합쇼핑몰에서 검색하는 방법은, 종합쇼핑몰 검색창에서 모델명이나 세부 스펙을 넣어 사업 부서에서 요구하는 물품을 찾을 수 있습니다.

<나라장터 종합쇼핑몰 검색창>

종합쇼핑몰에서 사업 부서가 요구하는 물품을 찾을 수 없을 때는 입찰이나 수의계약으로 진행하면 됩니다.

종합쇼핑몰에 등록된 물품을 구매하는 것은 식은 죽 먹기와 같으므로 자신 있게 구매하셔도 됩니다.

2. 물품계약 체결 결정 방법 2단계

Point 나라장터에 없는 물품은 입찰(경쟁) 또는 수의 계약으로!

    나라장터 종합쇼핑몰에 사업 부서에서 구매하려는 물품이 없다면, 이제 추정가격 2천만 원 초과인지, 이하인지로 나누어 구매 방법을 결정합니다. 추정가격 2천만 원 이하부터 알아보겠습니다.

    2천만 원 이하의 물품은 우리가 흔히 아는 비교 견적이라는 가격조사로 구매합니다. 2천만 원 이하는 빠르게 구매해야 하고, 대부분 지역에 있는 업체와 계약을 체결하기 때문에, 여러 업체로부터 직접 견적서를 받아 가격조사를 합니다.

    가격조사 후 계약을 체결하려는 업체의 가격이 적정하거나 최저가격을 제시했다면 품의를 통해 구매를 결정합니다. 실무에서는 대부분 최저가격을 제시한 업체와 계약을 체결하게 됩니다.

2천만 원 초과는 입찰 또는 수의견적 공고로!

    먼저 수의견적 공고에 대해서 알아보겠습니다.

추정가격 2천만 원 초과 추정가격 1억 원 이하에서 많이 사용되는 수의견적 공고는 수의계약이라 부르기에 애매합니다. 필자 생각으로는 앞에 수의라는 단어를 빼고, 그냥 견적 공고라고 했으면 좋겠습니다. 그래야 이해가 쉽습니다.

입찰공고에서 많이 사용하는 적격심사나 수의견적 공고는 나라장터에 공고문을 게시하고, 복수예비가격을 만들며, 낙찰 하한률(예정가격의 88%)이 존재하기 때문에 유사합니다.

다른 점이라면 고시 금액 이하의 적격심사에서는 신용등급 점수가 낙찰자 선정에 반영되고, 수의견적 공고에서는 신용등급 확인 없이 복수예비가격으로 만들어진 낙찰 하한률에 가까운 최저가 견적 제출자를 수의계약 대상자로 선정합니다.

수의견적 공고는 입찰과 비슷하다고 보는 것이 이해하기 쉽습니다.

입찰은 낙찰자 결정 방법부터 결정!

자, 대망의 입찰입니다!

물품에서 자주 쓰이는 낙찰자 결정방법은 적격심사, 협상에 의한 계약, 2단계 경쟁(규격 가격 동시 · 분리 입찰), 단가계약이 있습니다.

제일 많이 쓰이는 적격심사

적격심사는 최저가 낙찰제가 폐지된 후 정부 계약에서 최우선으로 고려해야 하는 낙찰자 결정 방법입니다.

적격심사는 입찰공고문과 과업지시서(규격서)로 구성되며, 낙찰 하한률에 근접한 최저가 제안 업체부터 차례대로 적격심사를 통해 낙찰자를 결정합니다.

사업 부서에서 제일 좋아하는 협상에 의한 계약

협상에 의한 계약은 계약이행의 전문성 · 기술성 · 창의성 · 예술성, 공공 시설물의 안전성 등의 이유로 필요하다고 인정되는 경우에 활용합니다. 제안요청서를 작성하여 업체로부터 제안서를 받고, 기술 능력을 평가하여 우선협상대상자를 결정합니다.

정부 계약에도 나와 있듯이 단순 물품 구매, 청소 · 경비 등 단순한 노무를 제공하는 용역은 협상에 의한 계약을 활용할 수 없습니다.

과업지시서(규격서)에 모든 과업을 명시할 수 있다면 적격심사를 활용하여 낙찰자를 결정해야 합니다.

종종 활용되는 2단계 입찰

2단계 입찰은 가격과 기술(규격) 제안서로 나누어 평가해 낙찰자를 결정하는 방법입니다. 2단계 입찰은 기술 제안서를 통과한 자를 대상으로 가격 투찰을 하는 규격 가격 분리 입찰과 기술 제안서와 가격 투찰을 동시에 하는 규격 가격 동시 입찰이 있습니다.

여기서 주의할 점은 협상에 의한 계약과는 다르게 단순 물품 구매에서도 활용할 수 있습니다.

청소 · 경비 등 단순한 노무를 제공하는 용역은 마찬가지로 2단계 입찰 낙찰자 결정방법을 활용할 수 없습니다.

다량의 물품을 낮은 금액으로 구매하는 단가계약

기존의 단가계약은 구매를 희망하는 다량의 물품 단가를 게시하고, 최저가를 써낸 업체를 선정하여 낙찰자를 결정했습니다. 그런데 이러한 방법은 최저가 낙찰제가 폐지되면서, 낙찰자를 결정하는 방법이 변화했습니다.

이제는 총이행예정량 금액을 산정하고, 적격심사를 통해 낙찰자를 결정합니다. 이후 산출내역서에 개당 단가를 산정하여 계약을 체결합니다. 단가계약도 적격심사로 낙찰자를 결정한다고 생각하는 것이 이해하기 쉽습니다.

이 외에도 여러 가지 낙찰자 결정방법이 있습니다. 더 배우면 좋겠지만, 우선 많이 활용되는 낙찰자 결정방법에 익숙해져서 빠르게 일을 처리하는 기술을 가지는 것이 더 중요합니다. 적격심사, 협상에 의한 계약, 2단계 입찰에서도 수많은 변수와 문제가 발생하기 때문입니다.

낙찰자 결정방법 단어에 익숙해지는 것으로 만족하는 것이 우선입니다.

3. 물품계약 체결 결정 방법 3단계

> **Point** 지방계약법 제5조 수의계약 적용은 신중히!
> 수의계약이 가능하더라도, 입찰 먼저!

지방(국가)계약법 시행령 제25조(제26조)에는 수의계약을 할 수 있는 조항들이 나열되어 있습니다.

이 정도면 왠지 다 수의계약으로 진행할 수 있을 것 같습니다. 하지만, 수의계약 체결은 신중히 해야 합니다. 감사에 지적되기 쉽기 때문입니다.

물품계약 방법을 결정할 때, 나라장터 종합쇼핑몰에서 구매하거나, 2천만 원 초과와 이하로 구분하면 90%는 완성입니다.

이 두 가지 분류 외에 금액의 제한 없이 수의계약을 할 수 있는 근거가 바로 지방(국가)계약법 시행령 제25조(제26조) 수의계약 관련 내용입니다.

예를 들어, 중증장애인생산품 생산시설이 직접 생산하는 물품의 제조·구매 또는 직접 수행하는 용역은 수의계약 근거 서류를 확인하고 가격조사를 성실히 한다면 계약체결에 문제가 없습니다.

중증장애인생산품 생산시설과 계약 체결하는 것은 장애인 자립에도 도움이 되고, 사회 전반을 고려하였을 때 바람직한 구매입니다.

하지만 최근 중증장애인생산품 시설이 늘어나고 있기 때문에 특정 업체를 선택했을 때, 선택되지 않은 업체가 민원을 제기할 수 있습니다.

특혜를 운운하며... (계약법 그대로 수의계약을 체결했는데 특혜라니...)

예전에는 수의계약 체결 현황이 공개되지 않아 특혜시비가 적었지만, 지금은 모든 계약체결 건이 공개되고 있으므로, 대부분 계약담당자는 근거 조항이 명백하지만, 수의계약을 체결해도 되는 건지 의문을 품습니다.

수의계약이 가능하더라도, 입찰을 먼저 고려하자!

결론으로, 지방(국가)계약법 시행령 제25조(제26조) 수의계약 근거조항들은 신중히 적용하되, 가능하면 입찰의 방법으로 낙찰자를 결정하는 것이 공정하고, 투명하며, 특혜의 소지가 발생하지 않는다는 것입니다.

4. 다수공급자(MAS) 2단계 경쟁은 언제 해야 하지?

> **Point** 중소기업자 간 경쟁 제품 1억 원 이상, 2단계 경쟁!
> 중소기업 제조 물품일 때 1억 원 이상, 2단계 경쟁!
> 일반 물품은 5천만 원 이상, 2단계 경쟁!

"주사님, 저번처럼 나라장터로 물건을 사려고 하는데, 다수공급자라고 적혀 있네요? 이건 기존에 구매하던 방식이랑 다른가요?"

물품계약에서 가장 난도가 높은 마스(MAS) 2단계 방식. 어떤 때는 1억 원 이상일 때 2단계 경쟁이고, 어떤 때는 5천만 원 이상일 때 2단계 경쟁입니다. 기준이 뭘까요?

간단하게 정리하고 넘어가죠!

중소기업자 간 경쟁 제품일 땐 1억 원 이상 2단계 경쟁

중소기업자 간 경쟁 제품일 때는 1억 원 이상을 발주할 때, 2단계 경쟁을 해야 합니다.

중소기업자 간 경쟁 제품은 1억 원 이하까지는 간편하게 구매할 수 있습니다. 중소기업자 간 경쟁 제품인지 확인은 구매하려는 물품을 검색하면 확인할 수 있습니다.

<나라장터 종합쇼핑몰 물품 내역>

2단계 경쟁은 종합쇼핑몰로 즉시 구매하는 제품에 비해 길게는 한 달 이상 소요되는 계약 방법이지만, 입찰보다는 계약 담당자의 업무 부담도 줄어들고, 업체 또한 제안서 작성이나 입찰에 대한 부담 없이 구매할 수 있어서 편합니다.

중소기업 제조 물품일 때는 1억 원 이상, 2단계 경쟁

중소기업에서 제조하는 물품일 때는 중소기업자 간 경쟁 제품과 같이 1억 원 이상일 때 2단계 경쟁이 가능합니다.

사업 부서에서 다수공급자 제품으로 등록된 9천만 원의 중소기업에서 제조하는 물품을 2단계 경쟁으로 요청해 왔다면, 2단계 경쟁 없이 구매할 수 있다고 안내하면 됩니다.

아마 사업 부서에서 계약 담당자를 영웅 대하듯 할 것입니다. 물론, 업체에서 미리 귀띔해 주는 경우도 있습니다.

일반 물품은 5천만 원 이상 2단계, 경쟁

일반 물품은 5천만 원 이상일 때 2단계 경쟁을 해야 합니다. 사업 부서에서는 나라장터로 장바구니 담기를 할 수 없기 때문입니다.

사업 부서의 이해를 돕기 위해 구매하려는 물품을 장바구니에 담고, 제안 요청하는 과정들을 안내한다면, 앞으로 문제 될 상황들을 예방할 수 있습니다.

앞으로는 사업 부서에서 다수공급자 2단계 경쟁 구매 문의 전화가 오더라도, 당당하게 답변해 주세요!

5. 다수공급자(MAS) 2단계 평가 기준, 어떻게 선택해야 할까?

> **Point** 종합평가 방식보단 표준평가 방식으로 민원 방지!
> 가격평가 방법 → 가격 차이 없을 땐 A형, 클 땐 B형

"주사님, 다수공급자 2단계 평가 기준이 몇 가지나 되네요? 종합평가, 표준평가, 가격 A형, B형… 어떻게 결정해서 보내드려야 할지 모르겠어요. 팀장님이 사업은 빨리 진행하라고 하시고, 현장에서도 빨리 자재를 줘야 공사 기간을 맞출 수 있다고 해요. 도와주세요."

일반적인 물품 구매면 납기가 조금 늦어지더라도 문제가 없지만, 공사 현장 자재를 공급하는 일이라면 간접비 상승 요인이 될 수도 있기 때문에 빠르게 업무를 처리해야 합니다.

그럼, 다수공급자 2단계 경쟁에서 낙찰자 선정 방법을 간단하게 알아보겠습니다.

다수공급자 2단계 경쟁으로 낙찰자를 선정하기 위한 방식은 총 5

가지가 있습니다.

종합평가 방식 – 평가 항목 우리 기관 마음대로

종합평가 방식은 평가 항목을 우리 기관에서 선택해서 적용할 수 있습니다. 가격 점수도 20점 이상에서 60점 이하로 결정할 수 있습니다.

계약 담당자는 계약 업무를 6개월 이상 하다 보면 평가 기준을 선택해서 적용한다는 말은, 곧 민원이라는 결론을 얻게 됩니다. 가격 점수의 비중을 조절하는 것은 민원의 여지가 높지 않습니다.

하지만 선택할 수 있는 평가 항목에서 경영 상태를 선택하면, 경영 상태가 좋지 않은 업체가 민원을 제기할 것입니다.

다수공급자 2단계 경쟁 제안서를 업체들에 송신하기 전에 명백한 근거를 가지고 경영 상태를 평가 항목으로 선택했다 하더라도, 민원에 답변하는 것 자체가 일상 업무를 지연시키고, 2단계 경쟁 업무처리에도 지장을 줄 수밖에 없습니다.

마찬가지로 납품 실적을 선택하면, 신생 업체가 어떠한 기준으로 실적 점수를 배점하였는지 민원을 제기할 것입니다.

그래서 종합평가 방식 선택은 매우 신중히 선택해야 합니다.

구 분	평가항목	평가지표	배점한도
기본 평가항목 (40점 이상)	가격	제안가격의 적정성	20점 이상 60점 이하
	적기납품	납기지체 여부	10점 이상 20점 이하
	품질관리	조달청검사, 전문기관검사 및 품질점검 결과	10점 이상 20점 이하
	신인도 (-1.75~+2.5)	불공정행위 이력 평가 결과	-0.25점
		최저임금 위반	-0.5점
		임금체불	-0.5점
		고용개선조치 미이행	-0.5점
		고용우수기업	+1점
		일자리 으뜸기업 인적자원개발(HRD) 우수기업 정규직 전환 우수기업	+0.5점
		기술 인증	+1점
선택 평가항목 (60점 이하)	선호도	자체 선호도 조사	7.5점 이하
	지역업체	지역업체 여부	7.5점 이하
	납품기일	납품기한 단축가능성	7.5점 이하
	사후관리	계약이행실적평가 결과	7.5점 이하
	납품실적	해당 제품 납품실적	7.5점 이하
	경영상태	업체 신용평가등급	7.5점 이하
	약자지원	약자지원 대상 기업 여부	7.5점 이하
	수출기업 지원	수출기업 지원 대상 기업 여부	7.5점 이하

<다수공급자계약 2단계 경쟁 종합평가 방식>

표준평가 방식 - 적격심사와 비슷한 공정한 평가

표준평가 방식은 평가지표가 정해져 있기 때문에 업체들의 민원 발생 여지가 적습니다.

표준평가 방식 I, II는 가격과 품질관리 배점에서 10점 차이가 나지만, 대부분 업체는 민원 없이 경쟁에 응합니다.

대부분의 사업 부서, 계약 담당자는 표준평가 방식을 선택하여 경쟁을 진행합니다. 그래서 적격심사와 비슷한 공정한 평가라고 할 수 있습니다. 또 적격심사와 비슷한 흐름은, 표준평가 방식이 2억 원 이상과 미만으로 나뉘는데, 구매 가격이 높아질수록 가격 점수 비중을 높여 발주처가 예산을 절감할 수 있도록 돕습니다.

구 분	평가항목	평가지표	배점
2억원 이상 표준평가 (Ⅰ)	가격	제안가격의 적정성	60점
	적기납품	납기지체여부	15점
	품질관리	조달청 및 전문기관검사, 품질점검 결과	10점
	사후관리	계약이행실적평가 결과	5점
	경영상태	업체 신용평가등급	5점
	약자지원	약자지원 대상 기업 여부	5점
	신인도 (-1.75~+2.5)	불공정행위 이력 평가 결과	-0.25점
		최저임금 위반	-0.5점
		임금체불	-0.5점
		고용개선조치 미이행	-0.5점
		고용우수기업	+1점
		일자리 으뜸기업 인적자원개발(HRD) 우수기업 정규직 전환 우수기업	+0.5점
		기술 인증	+1점

<다수공급자계약 2단계 경쟁 표준평가 방식 Ⅰ>

가격평가 = 가격 차이 없을 땐 A형, 클 땐 B형

가격평가도 A형과 B형으로 나뉩니다.

① A형

평가지표	평가기준	평 점
제안가격의 적정성	제안평균가격 대비 제안가격 비율	가격평점(점)=배점×{1-2×($\frac{제안가격}{제안평균가격}$ - $\frac{95}{100}$)}

② B형

평가지표	평가기준	평 점
제안가격의 적정성	평균제안율 대비 제안율 비율	가격평점(점)=배점×{1-2×($\frac{제안율}{평균제안율}$ - $\frac{95}{100}$)}

가격 차이가 없을 땐 A형을 선택하고, 가격 차이가 클 때는 B형으로 선택하면 됩니다.

왜냐하면 A형은 제안 평균 가격 대비 제안 가격 비율로 평점을 내고, B형은 평균 제안율 대비 제안율 비율로 평점을 내기 때문입니다.

간단히 가격 차이 없을 땐 A형을 선택하고, 가격 차이가 클 때는 B형을 선택합니다.

결론 : 종합평가 방식보다 표준평가 방식으로 민원 방지

MAS 2단계 경쟁은 단계별로 평가 방법을 선택해야 하므로 어렵게 다가옵니다.

결론으로, 민원의 소지가 큰 종합평가 방식보다는 표준평가 방식으로 민원을 방지하는 것이 실무경험상 수월합니다. 가격평가 방식도 가격 차이가 크냐, 적냐에 따라 A형 또는 B형을 선택하면 됩니다.

MAS 2단계 경쟁, 이젠 고민하지 않길 바랍니다.

6. 다수공급자(MAS) 2단계 예외로 할 수 있다!

Point 긴급한 경우, 호환이 필요한 경우 등 예외 가능

"주사님, 이번에 구매하는 물품은 통신 환경 방어벽을 구축하는 장비인데, 예전에 나라장터 종합쇼핑몰에서 구매했던 장비와 호환성을 위해서 1억 원이 넘지만, 같은 장비를 구매해야 할 것 같아요. 방법이 없을까요?"

다수공급자(MAS) 2단계 계약도 필요한 경우에는 예외로 할 수 있습니다.

조달청 물품 다수공급자계약 업무처리규정

· 재해복구나 방역사업에 필요한 물자를 긴급하게 구매
· 농기계 임대 사업에 따라 농기계를 구매
· 이미 설치된 물품과 호환이 필요한 설비 확충 및 부품 교환을 위해 구매하는 경우
· 그 외 다수공급자계약 2단계 경쟁 회피가 아닌 명백한 사유가 있어 구매업무 심의회에서 2단계 경쟁 예외를 인정

위와 같은 사유가 있다면, 2단계 경쟁을 예외로 할 수 있습니다.

예외 적용을 받을 때는 기술 검토서와 2단계 경쟁 예외 신청서를 작성하여 조달청 담당 과에 공문을 보내고, 승인을 받으면 나라장터 종합쇼핑몰에서 경쟁 없이 바로 구매가 가능합니다.

IT 관련 장비는 호환성 때문에 자주 예외 적용을 받습니다. 공문 처리 후 쇼핑몰 구매까지 일주일이면 가능합니다.

계약 담당자로서 사업이 원활하게 진행될 수 있도록 돕는 것도 중요하다고 생각합니다! 이런 것도 적극 행정의 일부가 아닐까요?

7. 물품 구매와 제조의 구별

> **Point** 물품 구매(기성품) 계약 시 인지세 부과 NO
> 물품 제조계약에서 설치 시 사후정산 주의!

"주사님, 우리가 요청하는 물품을 제조할 수도 있고, 구매해
서 납품할 수도 있는데, 구매와 제조의 차이가 뭔가요?"

물품 구매계약이란 시중에서 제작된 제품을 납기일 협의 후 구매
하는 것을 말합니다.
물품 제조계약이란 과업지시서나 규격서에 맞게 업체가 제작하여
납품하는 것을 말합니다.

계약 담당자는 구매와 제조 구별 없이 자연스럽게 인지세 납부에
체크하고 계약서 초안을 송신합니다. 이제는 구매와 제조를 꼭 구별
해야 합니다.

물품 구매 계약 시 인지세 부과 NO

인지세법에 따라 물품 구매계약은 도급으로 보지 않기 때문에 인

지세를 부과하지 않습니다. 카탈로그에서 골라 주문한 것도 인지세를 부과하지 않습니다. 하지만, 제조계약에서는 도급계약으로 보기 때문에 인지세를 부과합니다.

물품 제조계약에서 설치 시 사후정산 조심!

업무에 치이다 보니 사업 부서에서 제출한 산출 내역에서 건강보험료 등 사후정산 해야 할 비목을 놓치고 공고하는 경우가 많습니다. 또는 물품계약은 공사가 아니기 때문에 사후정산 안 해도 된다고 생각하고 공고를 게시하기도 합니다.

물품 제조계약에서 설치가 포함되면 꼭 공사계약처럼 사후정산 해야 하는 비목들이 있는지 확인해야 합니다. 그래야 국고 낭비 지적을 받지 않습니다.

이런 면에서 제조계약은 난이도가 구매계약보다 어렵습니다. 꼼꼼히 살피면서 제조계약을 체결해야 합니다.

8. 물품분류번호가 뭐지?

Point 공급업체 제한은 공급으로 등록한 업체만 참가 가능
제조업체 제한은 제조로 등록한 업체만 참가 가능
제조업체 제한은 제한경쟁이 아니다!
물품분류번호는 실적증명서 발급 시 중요하다!

"주사님, 구매요청을 드리려고 하는데 물품분류번호를 무엇
으로 적어드려야 하죠?"

사업 부서에서 위와 같이 물으면 당황할 수밖에 없습니다. 이 세상
에 수많은 물품 분류 번호가 있는데 내가 어떤 번호를 알려줘야 하는
지? 심지어 물품 분류 번호가 무엇인지 계약 담당자인 저조차 자세
히 모를 때가 많습니다.

물품분류번호는 물품을 기능, 용도, 성질에 따라 번호를 매기는 체
계를 말합니다. 전자조달 시스템을 이용하여 물품계약을 하려면 관
련 법에 따라 반드시 물품분류번호를 입력해야 합니다.

사업 부서 담당자가 물품분류번호를 적어서 입찰공고를 게시해
달라고 하는데, 이걸 공급업체 제한으로 해야 할지, 제조업체 제한으

로 해야 할지 모를 때가 많습니다.

어떤 때는 물품분류번호가 없어서 내 맘대로 집어넣기도 하며 공고를 게시하고는, 이게 맞나 불안할 때가 많습니다.

공급업체는 무엇이고, 제조업체는 무엇?

공급업체는 나라장터에 입찰 참가 등록 시 제조공장이 없는 상태로 타사 제품을 구매하여 납품할 수 있는 자격을 의미합니다. 그래서 적격심사를 할 때 무수히 많은 물품분류번호를 등록한 업체가 참가하게 되는 것입니다. 공급업체 등록은 업체가 마음대로 선택해서 등록할 수 있습니다.

제조업체는 제조공장을 보유하고 있어서, 타사 제품을 구매하지 않고 직접 제조하여 납품할 수 있는 자격을 의미합니다. 그래서 제조업체 제한으로 입찰을 진행하면 공급업체 제한보다 훨씬 적은 업체가 입찰에 참여합니다. 적격심사 하기도 수월해집니다.

단, 주의해야 할 부분은 제조업체 제한과 직접생산확인증명서 보유업체 제한은 다르다는 것입니다.

제조업체 제한은 제한경쟁이 아니다!

일반경쟁과 제한경쟁 입찰을 다수 진행하다 보면, 제조업체 제한은 일반경쟁 입찰인지 제한경쟁 입찰인지 판단이 서지 않습니다.

우리가 토목공사나 건축공사를 진행할 때 면허 제한을 제한경쟁으로 보지 않듯이, 제조업체 제한 또한 일반경쟁으로 보면 됩니다.

그럼, 무수히 많은 업체가 입찰에 참여하지 못하도록 제조업체로만 제한하면 편하지 않을까? 라는 의문을 가지게 됩니다.

이때는 지방(국가)계약법의 일반론인 다수의 참가자에게 공정한 기회를 제공해야 한다는 내용을 떠올리며, 제조업체로 제한 했을 때 특정 기업에만 입찰에 기회가 주어지진 않는지 확인해야 합니다.

물품분류번호는 실적증명서 발급 시 중요하다!

물품분류번호가 언제 중요하게 쓰이는지 모르는 계약 담당자가 많습니다. 물품분류번호는 실적증명서를 발급할 때 중요합니다

그래서 정확한 물품분류번호를 입력해야 합니다. 정확하지 않은 물품분류번호를 입력하면, 업체가 실적 증명서를 발급받을 때, 자신이 납품하지 않은 제품으로 실적증명서를 발급받을 수도 있습니다.

수기 발급으로 정정할 수 있지만, 계약담당 공무원과 업체 둘 다 손이 많이 갑니다. 이제 정확히 알고 발급해 줄 수 있겠죠?

◆◆◆

계약 담당자로 발령받았을 때 신이 났습니다. 당시 제가 있던 기관은 일 년에 1조를 발주하던 기관이었는데, 대기업의 전무도 제 사수에게 와서 쩔쩔매는 모습을 보면서, 좋은 보직에 배치받았다고 생각했습니다. 그러나 그런 생각은 실제 계약 업무를 시작하면서 일주일 만에 사라졌습니다.

수의계약 체결을 위해서 계약 상대자에게 서류를 요청하였는데 3일 동안 연락 두절이었다가 보내왔습니다.

입찰공고를 게시하였는데, OO 건설공사 협회에서부터 수많은 건설공사 업체가 민원 전화를 걸어왔습니다. 결국엔 OO 건설공사 협회의 공고를 취소해달라는 공문까지 받게 되었습니다. 그 공고는 취소하였습니다.

하루는 감사원에서 감사를 나왔습니다. 제가 잘못한 것도 아닌데 모든 자료 응대에서부터, 수 없이 불려 가서 혼나기 일쑤였습니다. 감사관은 계약 담당자가 문제를 보고만 있으면 어떡하냐고 했습니다.

처음 계약 업무를 했을 때 4년 동안 10시 이전에 퇴근해 본 적이 없습니다. 퇴근할 수가 없었습니다. 하루는 물품계약, 하루는 용역계약, 하루는 공사계약 발주를 했습니다.

이제 무언가 조금 안다고 생각했는데, 사업 부서 담당자가 물어보는 것에 답변을 못 할 때면, 제가 공직자로서 자질이 부족한가 돌이켜보기도 하였습니다.

사수에게 물어보는 것도 하루이틀이지, 매일 죄송한 마음만 쌓여갔습니다. 그래서 이 상황을 타개해 보고자, 주말에는 근처 대학교에 양해를 구해서 건축학과의 적산 과정을 수강한다거나, 법학과 민법 강의를 청강하기도 하였습니다.

결론은, 사실 지금도 계약을 모르겠습니다. 저는 전문가가 아니라고 생각합니다. 다만 계속 배우고, 정부 계약심의 위원과 감사관 활동을 하면서 경험을 늘려갈 뿐입니다. 그래야 안심이 되는 성격입니다.

돌이켜보면 시간이 해결해 주었던 것 같습니다.

매일 계약 부서를 도망가고 싶다는 간절한 기도에도, 내리 4년을 계약 부서에 있게 되었습니다. 감사부서에서 오라는 요청에도, 조금 더 배우고 가고 싶다는 소망을 말씀드리며 발령을 지연시켰습니다. 지금 처한 상황이 힘들더라도, 이겨내고자 하는 마음만 있다면, 결국 상황은 변하게 된다고 생각합니다.

누구나 처음 새로운 업무를 맡게 되면 어렵습니다.

그런데 어렵다고 계속 업무에 끌려다니다 보면 악순환이 됩니다.

아무리 업무가 어려워도 죽지 않습니다. 몸이 조금 피곤해질 뿐입니다. 그런데 그 상황을 견디면, 결국 봄이 옵니다.

아직도 어려운 내용이 나올 때마다 책을 뒤져보고, 그 분야의 전문가나, 법령을 제·개정한 분의 의견을 직접 물으며 취지를 파악합니다. 그것이 요즘엔 정말 재미있습니다.

저는 어느 분야에서도 성공한 사람이 아니지만, 적어도 제 분야에서는 실패하지 않았습니다.

지금 계약 업무를 수행하는 모든 주사님이, 현재 힘든 순간을 잘 버텨주었으면 좋겠습니다. 버티다 보면 언젠간 힘들었던 시간이 추억이 될 것입니다. 그리고 우리 모두의 행정 하나하나가 곧 시민들의 행복이 될 것입니다.

공직자로서 보람 된 일이라고 생각합니다.

9. 사전규격 공개는 왜 하는 것일까?

사전규격 공개 의견은 최대한 반영해야 한다!

"주사님, 원래 사전규격 공개 5일이잖아요! 그런데 요번에 요청한 건 발주가 급해서 3일만 공개해 주시면 안 될까요? 부탁드려요~."

일전에 사전규격 공개에서 의견이 20개가 접수되어 일주일을 고생한 기억이 납니다. 관련 협회, 법인, 개인사업체가 하나 된 마음으로 규격 관련 의견을 제출했습니다.

3일만 공개했다가 왜 그렇게 짧게 의견 수렴했냐고, 근거가 뭐냐고 외부에서 물으면 계약 담당자는 할 말이 없습니다.

대부분의 사업 부서 담당자와 계약 담당자는 쉴 틈이 없으므로 과업지시서나 제안요청서를 쓸 때면 많이 고민할 수 없습니다. 나라장터에서 타 기관의 과업지시서와 제안요청서를 참고하여 발주하다 보면 타 기관의 오류를 그대로 가져오는 경우도 많습니다.

최근 사전규격 공개에 관심이 높아지고 있습니다. 특정 규격, 잘못된 자격 조건, 특정 업체에 높은 점수가 부여될 수 있는 제안서 평가 기준 등 꼼꼼히 검토하여 의견을 제시합니다.

사전규격 공개는 꼭 5일 이상 게시하여, 발주에 오류가 없도록 진행해야 합니다.

사전규격 공개에 제시된 의견은 적극 수렴하여, 불필요한 민원이 발생하지 않는 것이 중요합니다.

10. 최저가 견적 업체와 거래 실례가

Point 가격조사가 어려운 제품은 3개 이상의 견적서 접수

"주사님! 처음 사보는 물건인데, 견적을 2개 받아보니 가격 차이가 크네요? 둘 중에 최저가를 제안한 업체랑 계약하고 싶은데 괜찮을까요?"

대부분 수의계약은 다급하게 진행되고, 사업 부서에서는 계약 부서에서 빠르게 진행해 주길 바랍니다. 방금 통화 내용을 듣고 견적서를 비교해 보니 같은 물건인데, 한 업체는 1,000만 원을, 다른 업체는 1,500만 원을 제시하였습니다.

둘 중 저렴한 가격을 제안한 업체와 계약하는 것이 적절할까요?

거래 실례가, 최저가 견적, 최빈가격... 가장 거래가 많이 되는 가격, 빈도가 높은 가격이 정상가격이라는 것은 알겠지만, 그것을 증명하기가 어렵습니다.

경제 상황은 계속 변하기 때문입니다. 단순히 동네 마트에서도 어

제는 수요가 많아 가격이 높았지만, 오늘은 수요가 적어 가격이 낮아지기 일쑤입니다.

현업에서는 2개의 최저 견적 업체의 가격으로 가격조사를 합니다. 수많은 업무가 밀려오는 상황에서 거래 실례가, 최빈가격을 조사하다 보면 다른 업무를 못 할 수도 있습니다.
그래서 혹시나 사업 부서에서 한 업체에 부탁해서 복수 견적을 받진 않았을까? 하는 의구심이 들더라도 똑같은 절차로 최저가 업체를 선정할 수밖에 없습니다.

2천만 원 이상의 입찰로 진행되는 제품들은 나라장터에서 낙찰되는 결과를 확인할 수 있지만, 2천만 원 이하의 제품들은 가격 조사하기가 쉽지 않습니다.
이럴 때는 3개 이상의 견적서를 접수하여 적극 행정 근거를 남겨놓는 것도 좋은 방법입니다. 내외부 감사에서 예산 절감을 위한 노력으로 칭찬받을 가능성도 있습니다.

정답이 아닌 차선을 말씀드리면서, 죄송하기도 해서 갑자기 외치고 싶습니다. 계약담당 공무원 화이팅!

11. 적격심사? 협상에 의한 계약으로 진행할까?

전문성·기술성·긴급성 등이 필요할 땐 협상계약으로!

"주사님, 요번에 우리 부서에서 기성품을 하나 사려고 하는데
요, 협상에 의한 계약으로 진행하기 위해서 제안요청서를 어
떻게 만들어야 할까요? 혹시 샘플 있으시면 부탁드려요."

사업 부서에서 발주 서류를 가져와 기성품을 협상에 의한 계약으
로 진행해달라고 요청할 때가 많습니다.

음~. 입찰의 기본은 적격심사라고 배웠는데, 협상에 의한 계약으
로 진행해도 괜찮은 걸까? 기성품은 적격심사 낙찰제를 활용해야 하
는 거 아닐까?

협상에 의한 계약은 전문성 · 기술성 · 긴급성 등의 요건이 충족될
때 활용해야 합니다.

따라서 기성품은 협상에 의한 계약으로 진행할 수 없습니다.

제조에서는 과업지시서 외에 전문성 · 기술성 · 긴급성을 이유로

업체의 제안서가 필요하다면 협상에 의한 계약으로 진행이 가능합니다.

하지만, 제조계약에서도 전문성 · 기술성 · 긴급성 요건 충족 없이 과업지시서에 모든 과업 내용을 담을 수 있다면, 이때는 적격심사로 진행해야 합니다. 모든 입찰의 기본은 적격심사이기 때문입니다.

협상에 의한 계약은 외부에서 수의계약과 같다는 시선으로 보기 때문에 꼭 유의하여 발주해야 합니다.

12. 대표 낙찰률 87.745%는 어떻게 나온 걸까

Point   87.745%는 일반관리비와 이윤을 최소로 한 낙찰률

"주사님, 이번에 저희가 구매 요청한 물품 구매 적격심사 낙
찰률이 얼마였죠? 87.845인가요?"

공공에서 한 번이라도 입찰을 진행해 본 누구나 낙찰률을 물어보
면 무의식적으로 87.745라는 숫자를 말합니다. 도대체 87.745는 어
디서 나온 숫자일까요?

요즘에는 나라장터에서 적격심사 기준을 선택하면 자동으로 계산
되어 낙찰률이 적용됩니다. 굳이 수기로 계산할 필요 없이 공고문을
간편하게 만들 수 있습니다.

계약 업무를 6개월 정도 하다 보면 불현듯 의문이 생깁니다. 왜
87.745일까요?

국가나 지자체가 발주하는 사업은 일반관리비와 이윤을 최소로
하여 수주하라는 의미를 담고 있습니다. 국가나 지자체 예산이 낭비

되지 않도록 하는 장치라고 볼 수 있습니다.

실제로 계산해 보면 일반관리비와 이윤을 최소로 할 때 87.745에 근접한 금액이 나오는 것을 확인할 수 있습니다. 물론 최두선(前 행정안전부 회계제도과장, 지방계약법 제정) 원장님 강의에서처럼, 국가계약법에서 말하는 87.745 수치는 부가세를 포함하면 명확하게 이해가 가지 않는 설명입니다. 매번 당연하게 생각했던 개념을 다른 시각에서 알려 주시고, 큰 가르침을 주시는 원장님께 이 자리를 빌려 감사의 인사를 올립니다.

혹시 누가 87.745가 어떻게 나왔어요? 라고 물어본다면, 이제부터는 자신 있게 설명하고, 모두에게 계약 담당자로서 전문성을 보여주면 됩니다.

제가 외부 강의를 나갔을 때, 기술직 주사님들도 이 내용을 듣고 신기해했습니다.

13. 재공고 유찰되면 수의계약 해도 문제가 없을까

유찰될 수밖에 없는 과업지시서, 금액인지 재검토

"주사님, 이번에 저희가 요청한 물품계약 건, 재공고 유찰되
었으니까 수의계약 해주세요~!"

재공고 유찰 후에 사업 부서에서는 시간이 없다고 수의계약을 요
청합니다. 계약법에서는 재공고 유찰 후에 수의계약을 할 수 있다고
명시되어 있습니다.

그러면 여기서 문득 의문이 듭니다.

그 어떤 업체도 입찰하지 못하도록 과업지시서와 제안요청서를
어렵게 쓰면 유찰될 텐데, 그럼 내 맘에 드는 업체를 그때 고를 수 있
겠구나?

재공고 유찰 후 수의계약은 신중하게 검토해야 합니다. 혹시나 과
업지시서가 너무 무리하게 쓰여있지는 않은지? 기초금액이 터무니
없는 것은 아닌지 확인해 봐야 합니다.

어떤 누구도 수주할 수 없는 내용의 과업지시서와 제안요청서를 공고한다면, 어떤 업체가 입찰에 참여할 수 있을까요?

협상에 의한 계약은 자칫하면 수의계약으로 변질될 우려가 있습니다.

사업 부서와 논의하여 과업지시서의 내용에 문제가 없는지, 기초금액이 너무 낮지는 않은지 다시 한번 검토해 보고, 그래도 문제가 없다고 판단되면 수의계약으로 진행하는 것을 고려해 볼 수 있을 것입니다.

14. 이게 물품이냐, 공사냐? 용역이냐?

Point 사업계획 단계부터 분할발주 여부 검토

사업 부서에서 물품인지, 공사인지, 용역인지 정체를 모르는 구매 요청을 할 때 판단을 내리기 어렵습니다.

통상 물품과 용역의 혼재된 계약은 통상 비중의 높고 낮음으로 판단합니다. 물품과 용역 중 50%가 넘는 것을 주 발주물로 판단합니다. 하지만 이것도 어떤 것으로 발주했을 때 우리 기관에 더 이익이 될 수 있는지를 고려하여 판단해야 합니다.

문제가 되는 것은 물품과 공사의 혼재입니다.

물품, 용역, 공사가 혼재되었을 땐 어떻게 발주해야 하는지 알아보겠습니다.

계약 담당자는 물품, 용역, 공사 중 2개 이상이 혼재된 계약을 발주할 때 사업의 계획 단계부터 다음의 사항을 고려해야 합니다.

분할발주 여부 검토 사항

· 계약 목적물의 일부에 공사가 포함된 계약이 건설산업기본법이나 전
  기공사업법, 정보통신공사업법 등 공사 관련 법령을 준수하는지
· 물품·용역·공사 등 각 목적물 유형별 독립성·가분성
· 하자 등 책임 구분의 용이성
· 계약이행관리의 효율성
· 각 발주 방식에 따른 해당 시장의 경쟁 제한 효과

계약을 처음 시작한 계약 담당자가 분할발주 여부를 판단하기는 쉽지 않습니다.

이럴 때는 첫 번째로 사업 부서 담당자와 긴밀히 협의하여, 발주에 대한 이해도를 높여야 합니다. 그리고 협의하여 혼재된 계약을 어떻게 발주해야 할지 상의합니다.

두 번째로 나라장터에 우리가 발주하려는 것과 유사한 물품을 확인하는 것입니다.

우리가 발주하는 대부분의 물품은 나라장터에 다른 지자체에서 이미 발주한 이력이 있습니다. 다른 지자체에서 발주한 방법이 맞다고 할 수는 없지만, 참고하기에 좋습니다.

필자의 경우에는 다른 지자체의 입찰공고를 보고, 개찰 조서를 확인합니다. 어떤 업체들이 입찰에 참여했는지 알 수 있습니다.

입찰 참가자들의 면허나 자격들을 파악하면서, 공사 면허를 가진

업체들이 해야 하는 과업인지, 공사 면허가 없는 업체도 수주할 수 있는 것인지 확인합니다.

그래도 불안하면, 발주한 담당자에게 전화를 걸어봅니다. 항상, '바쁘신데 죄송합니다'라는 예의 있는 말과 함께, 계약이 정상 종료되었는지, 계약이행 과정 중에 문제는 없었는지 확인해 봅니다.

만약 여러 건이 있다면 계약이 완료된 지 1년이 지난 건에 대해 발주처에 전화해 보는데, 공고된 지 얼마 안 된 건은 감사에서 아직 들여다보지 않은 건이기 때문입니다. 계약이 이행 완료되었다 하더라도, 차후의 감사에서 지적될 수 있기 때문입니다.

혼재된 계약의 집행은 어렵지만, 꼼꼼히 검토하고, 돌다리도 두들겨 보고 건너듯이 업무를 한다면 문제없이 지나갈 수 있습니다.

15. 여성기업, 장애인기업으로 대기업 제품을 구매해도 될까?

Point 여성기업, 장애인기업이 직접 생산한 제품을 구매!

"주사님, 이번에 구매하는 제품은 대기업 제품 아니면 사업 성과를 장담할 수가 없어요... 그래서 말인데... 대기업 제품을 여성기업이나 장애인기업을 통해 구매하면 안 될까요?"

사업 부서에서는 죽어도 대기업 제품 아니면 안 된다고 하소연합니다. 계약 담당자인 저도 압니다. 대기업 제품이 좋은걸!

그런데 불안합니다. 이런 식으로 대기업 제품을 여성기업이나 장애인기업으로 구매하면, 왠지 문제가 생길 것 같습니다. 편법처럼 보이기 때문입니다.

여성기업과 장애인기업 구매 실적을 높이려는 정부 권장제품 정책으로 여성기업과 장애인기업 인증을 받으려는 업체가 늘어나고 있습니다.

그러다 보니 적극적으로 업체들이 수요기관을 상대로 홍보하게 되고, 타 기관에서 구매한 실적들을 보면서 자연스럽게 계약 담당자

145

는 구매하게 됩니다.

　결론부터 말하자면, 철저한 가격 조사 후 1인 견적으로 여성기업 또는 장애인기업과 계약을 체결할 수 있지만, 대기업 물품을 구매해서는 안 됩니다.

　여성기업과 장애인기업 구매 실적 활성화 정책은 직접 제조한 물품을 구매하기 위해 수립되었습니다. 따라서 대기업 물품 납품 계약을 여성기업 또는 장애인기업과 체결해서는 안 됩니다.

◆◆◆

저는 8개 공공기관에 재직했습니다. 6개 기관에서 정규직으로 근무했습니다.

어떤 때는 고연봉을 위해서 이직했습니다. 또 어떤 때는 워라밸을 위해서 이직했습니다. 수도권에 근무하고 싶어서 이직해 보기도 했고, 또 짧은 시간 안에 그만둘까 봐 정규직을 그만두고 체험형 인턴을 해보기도 했습니다.

결론은, 어디를 가나 장단점은 있다는 것입니다.

고연봉을 위해서 이직한 곳에서는 승진 싸움이 너무 치열해서 숨이 막힐 정도였습니다. 한 직급으로 2천만 원이 좌우되기 때문에 성과를 내기 위해 가정을 뒤로 한 사람도 많았습니다. 갑자기 지방으로 발령나는 것도 걱정되었습니다. 저는 가족과 함께 지내는 것이 정말 중요한 가치라고 생각하기 때문입니다.

워라밸을 위해서 이직한 곳에서는 낮은 연봉에 만족해야 했습니다. 조직문화가 정말 좋았습니다. 다음날 걱정 없이 출근하는 내 모습에 놀라기도 했습니다. 하지만 결국 낮은 연봉이 또 이직을 고민하게 했습니다. 사실 돌아보면 돌아가고 싶은 직장이기도 합니다.

지방 근무도 많이 해봤기 때문에, 수도권에 있는 회사로 이직했습니다. 3개월 만에 장기근속을 포기했습니다. 매일 아침 지옥철 출근은 회사 근처 역에 도착했을 때 옷을 다 젖게 했습니다. 6시부터 일어나서 부지런히 준비해야 9시 전에 도착할 수 있었습니다. 이렇게 계속 출근하다가는 오래 살지 못할 것 같았습니다. 대신 맛집을 돌아다니고, 퇴근 후 혜화역에서 연극을 봤던 추억이 있습니다.

또 정규직을 그만둘까 봐 정규직을 그만두고 평소 가고 싶었던 회사의 체험형 인턴을 지원했습니다. 정규 업무를 한 건 아니었지만, 제가 생각한 것과 너무 달랐습니다. 정규직 입사 도전을 포기했습니다. 물론 장점도 있었습니다.

지금 당신이 있는 곳도 어떤 사람에게는 꿈에 그리는 직장입니다. 자신이 지금 다니는 회사를 떠나야 하는지 결정할 때는, 단점만 보지 말고 장점도 같이 놓고 고민해야 합니다.

16. 우선조달과 중소기업자 간 경쟁을 하는 이유?

Point 중소기업의 성장을 위한 특별법인 판로지원법!

계약 업무를 처리하기 위해서는 다양한 법을 알아야 합니다. 지방자치단체(국가)를 당사자로 하는 계약에 관한 법률부터 시행령, 시행규칙, 각종 예규, 건설산업기본법 등 숙지해야 할 법이 많습니다.

그중 계약 담당자를 가장 어렵게 하는 법이 있는데, 바로 중소기업 제품 구매촉진 및 판로지원에 관한 법률(이하 판로지원법)입니다.

지방(국가)계약법을 다시 한번 살펴보면, 지역 업체의 경쟁력을 강화하고, 성장을 도우며, 공정한 입찰이 될 수 있도록 개정되고 있습니다.

그런데 지방(국가)계약법에서 다루지 않은 사항을 타 법령에서 다루고 있다면, 타 법령을 따라야 합니다. 판로지원법이 대표적이며, 특별법의 지위로 먼저 적용해야 합니다.

이번 장에서는 우선조달과 중소기업자 간 경쟁을 하는 의미에 대해서 알아보고, 이후에 자세하게 다루고자 합니다.

먼저 우선조달하는 이유를 알아보겠습니다.

조달은 추정가격 2.3억 원 미만의 입찰에서는 중소기업자만 입찰에 참여하게 할 수 있는 제도입니다.

추정가격 1억 원 미만까지는 소기업·소상공인만 입찰에 참여할 수 있고, 추정가격 2.3억 원 미만까지는 소기업·소상공인·중기업까지 입찰에 참여할 수 있습니다.

추정가격 2.3억 원 미만까지 중견기업과 대기업은 입찰에 참여하지 말란 의미입니다. 2.3억 미만은 소기업·소상공인·중기업이 경쟁하여 성장할 수 있도록 돕고자 하는 의미입니다.

그럼, 중소기업자 간 경쟁을 하는 이유를 알아보겠습니다.

중소기업자 간 경쟁은 중소기업자만 생산할 수 있는 품목을 정해놓고, 중소기업자간 경쟁 제품으로 입찰을 진행할 때는 금액에 상관없이 중소기업만 입찰에 참여할 수 있도록 하는 것입니다.

예를 들어, 탁상용 컴퓨터를 공고하여 구매하고자 한다면, 중소기업자 간 경쟁 제품으로 지정되어 있기 때문에, 2천만 원을 입찰하든, 100억 원을 입찰하든 직접생산확인증명서를 보유한 중소기업자만 입찰에 참여할 수 있습니다.

그래서 최근 공공기관에서 삼성이나 엘지의 탁상용 컴퓨터를 볼 수 없는 것입니다.

일반 기업이라면 기업에 가장 적합한 물품을 구매하여, 최고의 성능을 발휘하는 것이 목적입니다.

그러나 우리는 공무원이기 때문에 다릅니다. 우리가 하는 대부분의 행정은 약자를 보호하고, 성장을 돕는 데 목적이 있습니다.

사실 중소기업자 간 경쟁 제품 제도를 처음 시행하였을 때, 애로사항이 많았습니다.

제일 중요한 A/S가 전국에 고루 위치하지 않아서, 한번 A/S를 부르면 일주일, 한 달 뒤에 오는 경우도 있었습니다.

제도가 정착되자, A/S 문제도 많이 해결되었고, 탁상용 컴퓨터를 제조하는 중소기업의 공공기관 진출이 많아졌습니다. 그리고 제품 품질도 이제는 대기업과 견줄만합니다.

중소기업을 성장시키는 판로지원법의 효과입니다.

판로지원법을 지키는 것은 어렵지만, 우리가 하는 행정은 곧 중소기업을 돕는 것으로 생각하며 힘을 내면 좋겠습니다.

17. 중소기업자 간 경쟁 제품과 우선조달 계약의 구별

> **Point**
> 1천만 원 이상, 직접생산확인증명서 보유 확인
> 1억 미만, 소상공인·소기업 제한경쟁(우선조달)
> 1억~2.3억 미만, 중기업 제한경쟁(우선조달)
> 1원~∞ 중소기업 제한경쟁(중기간 경쟁 제품)

"중소벤처기업부입니다, 귀 기관의 공고에서 추정가격 1억 미만임에도 불구하고 소기업·소상공인으로 제한하지 않은 것으로 발견되어 수정공고를 요청합니다. 만약 미 이행시 공문 발송 예정입니다."

처음 계약 업무를 시작하다 보면 위와 같은 전화를 받을 때가 있습니다. 계약 담당자가 무슨 큰 잘못을 했다고 공문을 보낸다고 할까요?

신임 계약 담당자가, 그것도 초급 공무원이 외부 기관으로부터 업무 미숙으로 공문을 받는 건 정말 큰 일입니다.

계약 담당자는 아래의 알림창을 자주 보게 됩니다.

⚠ 담당자 숙지사항

★ 「중소기업제품 구매촉진 및 판로지원에 관한 법률」에 따라 소기업·소상공인만 참여 가능한 소규모 입찰에 중기업 제한을 하지 않고 입찰 공고하는 등 부적정한 사례가 발견되었습니다.
⇒ 나라장터를 이용하는 발주기관 담당자는 입찰공고 게시 전에 관련 법령 등 규정을 반드시 확인하시어 위법한 사례가 없도록 입찰·계약을 진행하여 주시기 바랍니다.

<나라장터(G2B) 입찰공고 입력 시 주의사항 안내>

지방(국가)계약법을 숙지하기도 어려운데 「중소기업제품 구매촉진 및 판로지원에 관한 법률」은 뭐지?

옆 군청 계약 담당자는 1,500만 원짜리 물품을 구매했는데 직접생산확인증명서를 확인하지 않았다고 지적받았습니다. 이쯤 되면 계약 담당자들은 머리가 지끈지끈 아프게 됩니다.

나라장터에 공고를 게시할 때마다 보이는 '소기업 · 소상공인만 참여 가능한 소규모 입찰에 중기업 제한을 하지 않고 입찰 공고하는 등 부적정한 사례가 발견되었습니다.'라는 문구 때문에 두려움은 더 커지게 됩니다.

중소기업자 간 경쟁 제품과 우선조달 계약 준수가 중요한 이유는 감사에서 지적하기가 정말 간단하기 때문입니다.

다른 감사 지적 건들은 핑계라도 대면서 감경이나 없던 일로 될 가능성이 있지만, 입찰공고에서 중소기업 제한을 하지 않은 건과 직접생산확인증명서를 확인하지 않고 계약 한 건은 변명의 여지가 없습니다.

누구나 많이 틀리기 때문에, 정확하고 간단하게 알고 넘어가야 합니다. 다음과 같이 접근해 보겠습니다.

1천만 원 이상 계약 시 직접생산확인증명서 보유 확인

1천만 원 이상의 수의계약을 체결한다면 해당 물품이 중소기업자 간 경쟁 제품인지 확인해야 합니다. 중소기업자 간 경쟁 제품이라면 계약 상대자가 직접생산확인증명서를 보유하고 있는지 확인하고 계약을 체결해야 합니다.

중소기업자 간 경쟁 제품이 아니라면 간단히 2천만 원 이하까지 가격 조사 후 수의계약을 체결하면 됩니다.

> ### 중소기업자 간 경쟁 제품 확인 방법
>
> 공공구매종합정보(smpp.go.kr) 접속 → 정보조회 → 중소기업자 간 경쟁 제품

우선조달 – 제한경쟁 입찰

입찰은 우선조달 제한경쟁과 중소기업자 간 경쟁 제품 제한경쟁으로 나뉩니다.

먼저 우선조달 제한경쟁 입찰입니다.
2천만 원 초과 1억까지는 소상공인·소기업 제한경쟁 입찰을 진행합니다.

1억 이상 2.3억 미만까지는 소상공인·소기업·중기업까지 제한

경쟁으로 입찰을 진행하면 됩니다.

우선조달 계약을 예외로 할 수 있는 조건들이 있습니다. 입찰에 참여한 중소기업자가 2인 미만 또는 학술, 연구, 조사, 검사, 평가 등 지적 활동을 통해 정책이나 시책 등의 자문에 제공되는 용역인 경우에는 우선조달을 예외로 할 수 있습니다.

하지만 위 조건을 적용할 때는 다른 기관의 입찰 공고를 확인하여 예외로 적용할 수 있는지 따져보는 것이 중요합니다.

불안하면, 일단 제한경쟁으로 입찰을 진행해 봅니다. 예외 적용으로 사전규격 또는 입찰공고 게시 시 의견이 제시될 수도 있기 때문입니다.

중소기업자 간 경쟁 제품 제한경쟁 입찰

중소기업자 간 경쟁 제품은 1원부터 무한대의 금액까지 중소기업자만 입찰에 참여할 수 있습니다. 따라서 금액 제한 없이 중소기업자 간 경쟁 제품은 제한경쟁 입찰로 진행하면 됩니다.

1천만 원 이상 계약 시에는 중소기업자 간 경쟁 제품인지 확인하고, 직접생산확인증명서를 보유하고 있는지 확인합니다. 우선조달은 금액대별로 중·소기업·소상공인으로 제한, 중소기업자간 경쟁 제품 입찰은 금액에 상관없이 중소기업 제한경쟁으로 이해하면 됩니다.

18. 중소기업 간 경쟁 제품인지 아닌지 어떻게 구별하지?

> **Point** SMPP(공공구매종합정보) 직접생산확인 기준 검토!
> 중소기업자 간 경쟁 제품 특이사항 확인!
> 중소기업자 간 경쟁 제품이 주된 물품인지 구별!

"주사님 태양광발전장치는 중소기업자 간 경쟁 제품인지 알
겠는데, 건물일체형태양광발전장치는 중소기업자 간 경쟁 제
품이에요? 아니에요?"

전화를 받고, 대답 못 하는 저를 보며, 이 정도면 계약 담당자인 제
가 능력 부족으로 교회 가서 하나님께 용서를 구하거나, 절에 가서
삼천 배와 함께 석고대죄를 드려야 하나 고민이 듭니다.(필자는 종교
가 없습니다.)

6시에 퇴근하지 못하고, SMPP(공공 구매 종합정보)에 들어가서 중소
기업자 간 경쟁 제품 목록을 내려받습니다.

건물일체형태양광발전 장치는 목록에 없습니다. 확실히 없습니
다. 그럼, 직접생산확인증명서 없이 구매해도 될까요?

아쉽지만, 오늘 결정하지 못하고 내일 중소벤처기업부 담당 공무

원님이랑 통화해 보고 사업 부서에 알려줘야 할 것 같습니다.

중소기업자 간 경쟁 제품 300개 이상의 목록을 보다 보면, 이거 국내에 있는 모든 제품이 다 중소기업자 간 경쟁 제품 아닐까? 이런 의문을 품기도 합니다.

그렇다고 사업 부서에 직접생산확인증명서가 있는 업체를 데려오라고 할 수도 없고, 입찰공고를 게시할 때 직접생산확인증명서 보유 기업으로 제한하지 않으면 수많은 민원전화가 오기도 합니다. 만약 민원전화가 오지 않더라도 중소벤처기업부 실사 시 지적을 받습니다.

간단히 이해하고 넘어가겠습니다.

SMPP 직접 생산 확인 기준 검토!

SMPP에 게시되어 있는 직접 생산 확인 기준을 검토하여 중소기업자 간 경쟁 제품인지 아닌지를 구별합니다.

중소기업자 간 경쟁 제품 특이사항 확인!

중소기업자 간 경쟁 제품이지만 중소기업이 제작하지 못하는 제품이 있습니다. 그래서 특이사항에 해당하는 제품만 직접 생산 증명서를 확인하게 되어있습니다.

○ 직접생산확인 기준

대분류	정보기술방송및통신기		제품명	컴퓨터
제품구분명	컴퓨터서버			

○ 직접생산확인 정의

< 세부제품 : 컴퓨터서버 >

컴퓨터(컴퓨터서버)의 직접생산은 CPU, 하드디스크, 메모리 및 전원공급기, 메인보드, 섀시 등 원부자재를 각각 구입하여, 이를 보유 생산시설과 전문 인력을 활용하여 조립 생산하고, 직접 조립한 반제품을 공정 검사, 펌웨어 업데이트 및 OS설치, 부하 및 호환성 테스트, 최종 검사, 포장 등 각 생산공정을 통하여 완제품을 생산하는 것을 말함

<SMPP(공공구매종합정보) 직접 생산 확인 기준 목록>

분류 번호	대분류	제품		세부분류		특이사항
		소분류	제품명	세부품명번호	세부품명	
43	정보기술방송및통신기	432115	컴퓨터	4321150102	컴퓨터서버	x86 서버 CPU 1개 전체, CPU 2개 중 Clock(기본 주파수) 3.2GHz 이하 제품에 한함
				4321150701	데스크톱컴퓨터	
				4321151402	무인안내시스템	
				4321151403	버스및차량정보안내장치	
				4321159301	일체형컴퓨터	
				4321159401	특수목적컴퓨터	
56	가구및관련제품	561215	교실용가구	5612150801	컴퓨터책상	

<SMPP(공공구매종합정보) 중소기업자 간 경쟁 제품 특이사항>

특이사항에 해당하는 제품만 직접생산증명서를 보유한 업체와 계약해야 합니다.

중소기업이 생산할 수 없는 제품을 공고하여 계속 유찰되지 않도록 주의해야 합니다.

중소기업 자 간 경쟁 제품이 주된 물품인지 구별!

중소기업자 간 경쟁 제품과 아닌 제품이 혼합되어 있다면 어떤 것이 주된 물품인지 검토해야 합니다. 주된 물품이 중소기업자 간 경쟁 제품이라면 당연히 직접 생산 확인 증명서를 보유한 업체와 계약해야 합니다.

만약, 주된 제품이 아니라면 사업의 목적 달성을 위해 중소기업자 간 경쟁 제품이 아닌 물품 분류 번호로 계약체결을 진행합니다. 판단하기 어렵거나, 두 물품이 연계성이 낮다면 분리발주를 검토하면 됩니다.

19. 중소기업자 간 경쟁 제품의 특이사항, 필수 특이사항이 뭐지?

> **Point** 특이사항 외 구매 건은 중소기업자 간 경쟁 불가!
> 필수 특이사항 제한경쟁은 신중히!

"주사님, 주사님이 주신 중소기업자 간 경쟁 제품 목록에서 특이사항이 있던데, 특이사항을 벗어난 제품이면 직접생산확인증명서가 없어도 되는 거죠?"

중소기업자 간 경쟁 제품은 직접생산확인증명서를 소지한 업체와 계약이 가능합니다. 그런데 중소기업자 간 경쟁 제품 목록을 SMPP(공공구매종합정보망)에서 다운받아 제품을 찾아보면, 특이사항이 있습니다.

특이사항은 중소기업자가 제조할 수 있는 범위를 나타냅니다. 특이사항을 벗어나는 제품은 중소기업자 간 경쟁으로 진행해도, 경쟁이 불가하다는 내용입니다.

다음 컴퓨터 서버 특이사항을 같이 확인해 보겠습니다.

중소기업자 간 경쟁 제품 중 컴퓨터 서버 특이사항

· x86 아키텍처 기반 CPU 1개 전체, CPU 2개 중 Clock3.0㎓ 이하 제품
 에 한함

위에서도 볼 수 있듯이, 특이사항에 한계를 지정함으로써, 특이사항 이상의 스펙을 보유한 제품을 구매할 때는 직접생산확인증명서가 없는 업체와 계약체결이 가능합니다.

정말 중소기업이 만들 수 없는 것인가 시장조사를 해 본 적이 있는데, 만들 수는 있지만, 부품 수급 문제와 기술력의 한계로 10개 업체 중 8개 업체가 이행할 수 없거나, 남지 않는 장사라고 했습니다. 중소벤처기업부 공무원분들의 노력에 감탄하였습니다.

다음으로 필수 특이사항입니다.

필수 특이사항이란, 직접생산확인증명서를 보유한 업체의 기술력을 나타냅니다. 예를 들어 인쇄물에서 4도 옵셋 인쇄기를 보유하고 있다면, 필수 특이사항에 보유 현황이 나타납니다.

필수 특이사항은 중소벤처기업부 담당 공무원분과 통화했을 때 제품을 제조하기 위한 기본 능력이기 때문에 제한경쟁은 아니라고 하였습니다. 이는 건축공사를 발주할 때, 입찰참가자격 제한을 건축공사 면허 업 보유로 하는 것은 제한경쟁이 아닌 것과 같은 논리입니다.

그래서 입찰공고 게시 시 직접생산확인증명서 보유와 필수 특이

사항 보유 여부를 참가 자격으로 제한할 수 있지만, 이는 신중하게 접근해야 합니다.

왜냐하면, 첫 번째로 필수 특이사항 보유 업체 현황을 확인해 봐야 한다. 만약 필수 특이사항 보유 업체가 5개 업체 이내라면 공정한 경쟁이 성립되기 어렵습니다.

당장 3~4개 업체만 계속 경쟁입찰에 참가할 수 있다면, 직접생산 확인증명서는 있는데, 필수 특이사항을 보유하지 못한 업체가 자신들도 제조할 수 있다며 민원을 제기할 수 있습니다.

따라서 사전규격 공개를 충실하게 하거나, SMPP(공공구매종합정보망)에서 필수특이사항 보유 업체 수를 확인하여 공정한 경쟁이 성립될 수 있는지 확인해 보는 것이 중요합니다.

두 번째로 우리가 제시하는 과업이 필수 특이사항 보유 업체만 이행할 수 있는 것인지 확신할 수 없습니다. 증명하기가 쉽지 않습니다. 만약, 입찰공고가 게시된 상태에서, 위와 같은 민원이 제기된다고 가정해 보겠습니다. 민원을 제기한 업체를 설득할 완벽한 논리가 없을 때는 공고를 취소해야 합니다.

최근 필수 특이사항으로 제한한 입찰 공고를 보다 보면 위와 같은 사연으로 취소한 공고를 간혹 볼 수 있습니다. 이렇게 최근 필수 특이사항 제한 공고를 자주 볼 수 있기에, 계약 담당자분들이 어려움을 겪지 않도록 언급해 봤습니다.

20. 규격가격 동시 입찰? 규격가격 분리 입찰?

> **Point** 규격가격 분리 입찰은 2인 이상의 규격 통과 시 개찰
> 규격가격 동시 입찰은 1인 이상의 규격 통과 시 개찰

"주사님, 이번 물품 계약에서 2단계 입찰 낙찰자 결정 방법으로 계약 상대자를 결정하고 싶은데요, 규격가격 분리 입찰과 동시 입찰의 차이를 잘 모르겠어요."

2단계 입찰인 규격가격 분리 입찰과 동시 입찰을 간단히 정리해 보겠습니다.

지방(국가)계약법 시행령에서 설명하는 2단계 입찰은 규격가격 분리 입찰과 동시 입찰로 나뉩니다.

규격가격 분리 입찰은 2인 이상의 규격서가 통과했을 때 가격입찰을 할 수 있습니다. 만약 2인 중 1명의 규격서가 통과하지 못했다면 입찰은 성립하지 않습니다. 재공고해야 합니다.(최고 수준의 규격이 필요할 때) 반대로 규격가격 동시 입찰은 규격서 제출과 가격입찰이 입찰 마감 시 동시에 이루어집니다. 그래서 2인 중 1인만 규격을 통과

하더라도 개찰을 할 수 있습니다.(최소 수준의 규격과 긴급한 일정일 때)

규격가격 분리 입찰과 동시 입찰은 규격을 통과한 자 중에서 최저가 입찰을 한다는 점이 공통점입니다.

자, 이제 사업 부서에서 똑같은 문의를 한다면, 두 가지의 차이점을 안내해 주고, 사업 목적에 맞게 낙찰자 결정 방법을 선택하게 하면 됩니다.

21. 협상할 때 마음대로 과업을 추가해도 괜찮을까?

> **Point** 과업의 추가는 증액, 과업의 축소는 감액
> 증액 없는 과업 추가는 갑질
> 제안서도 계약서의 일부

"주사님, 과업지시서에 미처 담지 못한 과업이 있어서 업체에
살짝 이야기해 봤더니 그냥 해준다고 하네요? 괜찮겠죠?"

협상에 의한 계약에서 협상 시 욕심이 생겨 과업을 추가하려는 경
우가 있습니다. 계약 담당자인 제게 먼저 물어봤으면, 그럼 안 된다
고 이야기했을 것인데, 이미 협상을 완료했다고 합니다.

협상에 의한 계약에서 과업의 추가는 반드시 증액해 줘야 합니다.
반대로 과업의 축소는 감액해야 합니다. 증액과 감액 과정에서 적정
한 금액이었는지가 향후 감사에서 지적될 수 있기 때문에 주의해야
합니다.

제안서도 계약서의 일부!

그러면 여기서 한가지 주의해야 할 사항이 있습니다.

대부분 업체가 우선협상대상자가 되기 위해서 제안서에 지키지 못할 약속이나, 사업 금액에서는 수행할 수 없는 과업들을 늘어놓기도 합니다.

그럼, 이 과업들도 시키면 안 되는 것일까요?

제안서도 계약서의 일부입니다. 제안서에 담은 과업들은 반드시 지켜져야 할 약속입니다.

가끔 협상에 의한 계약에, 입찰에 참여한 업체들에 계약 담당자로서, 제안서의 담은 내용들은 계약 시 수행해야 한다고 공지합니다. 당황하는 업체들이 적지 않게 있습니다.

계약 담당자로서 사업 부서에도 이 내용을 잘 주지시켜, 과업을 성공적으로 이끌 수 있도록 안내해야 합니다.

◆◆◆

수많은 공공기관 취업 강의와 고민 상담을 해봤습니다.

나에게 맞는 직장을 고르기란 쉽지 않다. 이직할 때는 신중히 고려해야 합니다. 하지만 더 중요한 건, 나에게 맞는 직장을 찾는 것입니다.

이직하려는 친구들에게 이런 비유를 자주 합니다. 너는 왜 너에게 맞지 않는 옷을 입고 있어? 너 옷 사러 갔을 때 답답한 옷 입으면 바로 벗지? 근데 왜 회사는 안 그래? 힘들어서 견디지 못할 것 같으면 그만둬야지.

저는 사실 정규직이라는 제도를 좋아하지 않습니다. 정규직이라는 제도 때문에 자신이 다니는 직장을 쉽게 그만두지 못하기 때문입니다. 그러다 보니 조직에 불만 있는 사람들이 화를 안에서 계속 풀게 됩니다. 조직문화는 더 나빠집니다. 그런 사람들은 일도 하지 않습니다. 그 일은 남에게 전가됩니다.

직장도 옷을 고르는 것처럼 나에게 맞지 않으면 얼른 벗어던지고 다른 직장을 찾았으면 좋겠습니다.

정규직이어서, 고연봉이어서 그만두지 못한다는 친구들이 있습니다.

   우리는 몸에 난 상처를 치료하려고 하지만, 마음에 난 상처는 보지도 못하고, 치료하려고 하지 않습니다. 마치 정신병을 앓고 있는 사람으로 취급받기 싫어서라고 합니다.

   저는 개인적으로 계약직 제도가 활성화되었으면 좋겠습니다. 계속 돌아다니다 보면 자신에게 맞는 옷을 찾듯이, 자신에게 맞는 직장을 찾을 수 있다고 생각하기 때문입니다.

   안정적이어서, 고연봉이어서 포기하지 못한다고 말하고 있다면, 지금 당장 그 생각을 바꿔야지 오래오래 행복하게 살 수 있다고 말해주고 싶습니다.

22. 물품계약 증액은 10% 이하만 가능?

> **Point** 규격 물품계약 증액은 상호 합의로 자유롭게!
> 86% 이하로 낙찰된 건만 10% 이상 증액 시
> 지자체(기관)장 승인 필요!

"주사님, 이번에 계약 체결한 물품계약 수량을 15% 늘리려고
해요. 지방(국가)계약법 시행령에 보니까 10% 이상일 때는 지
자체(기관)장 승인이 필요한데... 9%는 증액해도 될까요?"

수량 변경과 증액은 계약에서 자주 있는 일입니다. 공사는 낙찰률
이하로 설계 변경하는 데 전혀 문제가 없습니다.

그럼, 물품에서는 어떠할까요?

물품에서도 민법에 따라 상호 합의로 자유롭게 증액이 가능합니
다. 다만, 제한 없는 증액은 다른 업체의 입찰 참가 기회를 박탈하는
것이기 때문에 사업 특성과 제반 사정을 고려해야 합니다.

그런데 지방(국가)계약법 시행령에서 10% 이상 증액 시 지자체(기
관)장 승인이 필요하다는 문구를 보고 급하게 사업 부서에서 계약 부

서에 문의합니다.

10% 이상 증액할 때 지자체(기관)장 승인을 받아야 하므로 때문에 9%만 증액하고 싶다고 합니다.

10% 증액 지자체장 승인은 86% 이하로 낙찰된 계약 건만

지방(국가)계약법의 제74조(설계 변경으로 인한 계약금액의 조정)는 물품과 용역에서도 준용하게 되어있습니다.

위 규정의 포인트는 10% 이상 증액이 까다롭다가 아니라, 86% 이하로 낙찰된 업체에 증액을 강요할 수 있기 때문에 지자체(기관)장의 승인이라는 엄격한 절차가 필요한 것입니다.

86% 낙찰률은 일반관리비와 이윤을 최소로 하여 낙찰받았을 때 계약금액입니다. 낮은 낙찰률도 힘든데, 증액으로 계약 상대자가 손해를 보게 되면 지방(국가)계약법의 중소기업 양성 취지. 지역경제 활성화와 어긋납니다.

앞으로 사업 부서 담당자에게 이렇게 이야기해야 합니다.

무조건적인 증액은 불가합니다. 왜냐하면 다른 업체의 입찰 참가 기회를 박탈할 수도 있기 때문입니다. 사업 특성과 제반 사정을 고려해서 증액해야 합니다.

23. 물품 구매 입찰에서 특정 규격 제시가 가능할까?

Point   물품 구매 입찰에서 특정 규격 제시 불가!

"주사님 요번에 OO 기업 스캐너 최신 모델 OOOO가 필요한데 대리점도 많으니까 구매요청 드려도 문제없겠죠?"

전화를 받고 속으로, 그래, 마음껏 사라고 외칩니다. 근데 잠깐 외부 강사님께 강의를 들었을 때 특정 모델은 공고하면 안 된다고 들었던 것 같은데... 하면서 저번에 들었던 강의 교안을 꺼내어 살피다가 또 밤 10시가 넘습니다.

역시 제 기억이 맞았습니다. 특정 규격을 제시할 수가 없다고 적어 났습니다. 내일 사업 부서 주사님에게 전화해야겠다고 생각하고 마무리를 짓지 못한 채 귀가합니다.

지방(국가)계약법은 지역 중소업체의 성장을 돕고, 자금 회전에 도움이 될 수 있도록 개정되고 있습니다.

입찰에서 특정 규격 제시가 가능하면, 대기업의 기성 제품을 선호하게 될 수밖에 없습니다. 결국 중소업체는 제조 능력을 키우지 못하게 됩니다. 그래서 물품 입찰에서는 특정 규격 제시가 불가능합니다.

물품 입찰에서는 스펙을 제시하고, 동등 이상의 제품을 납품할 수 있는 업체라면 누구나 입찰에 참여할 수 있게 해야 합니다.

그렇게 되면 중소업체의 제조 능력 향상과 자금 회전에 공공 조달이 큰 도움이 될 수 있습니다.

사업 부서에서 특정 규격을 제시한다면, 계약 담당자로서 위 내용을 간략히 설명하고 수정 요청합니다.

24. 기성 제품은 선금 지급 불가!

Point 기성 제품은 선금지급 불가
선금 목적 외 사용 점검

"주사님, 이번에 기성 장비 계약한 거 있잖아요! 그거 업체에서 선금을 받아야 살 수 있다고 하는데 빨리 좀 지급해 주시면 안 돼요?"

바빠죽겠는데, 선금까지 지급해달라고 합니다. 또 6시에 퇴근하긴 틀렸습니다. 오늘은 개인 PT가 있는 날인데, 3만 원 또 날아갔습니다. 이거 구청에 청구할 수 있는 걸까요?

자금 회전율이 높지 않은 계약 상대자는 선금을 계약이 시작되자마자 요청합니다. 계약 담당자는 계약이 시작되자마자 선금 지급과 관련된 서류를 받고, 검토하고 지급합니다.

계약 담당자는 계약체결, 계약 변경, 수십 건의 계약 건을 처리합니다. 그러다 기성 제품은 선금 지급이 불가하다는 걸 모르거나 잊고 지급하게 됩니다.

기성 제품은 선금 지급 불가

　기성 제품은 선금 지급이 불가하다는 것을 꼭 잊지 말아야 합니다! 기성 제품 선금 지급이 불가한 이유는 납품 능력 없이 적격심사나 수의계약에 응한 업체일 수 있으며, 선금이 목적 외로 사용될 가능성이 높기 때문입니다.

　기성 제품은 선금 지급 불가! 잊지 말아야 합니다.

25. 지급각서 대신 보증보험을 받는 이유

> **Point** 보증보험은 빠른 하자처리, 지급 각서는 민사소송 위험

"안녕하세요, 이번에 ○○ 구매 계약 상대자 ○○ 상사입니다. 계약금액이 2천5백만 원이니 지급 각서로 계약보증과 하자보증을 대체 요청드립니다."

계약 담당자는 입찰, 계약, 하자보증금을 받게 되어 있습니다. 보증금은 대표적으로 현금, 보증보험, 지급 각서로 받고 있습니다. 예전에는 현금으로 보증금을 받기도 했습니다.

하지만, 현금으로 보증금을 받게 되면, 향후 보증금을 거치한 기간동안 생긴 이자도 반납해야 하는 번거로움이 있습니다. 그래서 보증보험으로 보증금을 수납하고 있습니다.

통상 소액 계약은 지급 각서로 계약보증과 하자보증을 대체하고 있습니다. 지급 각서는 간편하게 각서만 받기 때문에 계약 상대자가 선호합니다. 하지만, 계약 담당자는 지급 각서로 받을지, 보증보험으로 받을지 한 번쯤은 고민해야 합니다.

지급 각서로 받게 되면, 향후 계약이행에 문제가 생겼을 때 계약 상대자가 현금을 납입하지 않으면, 소송으로 진행해야 하므로 때문에 문제가 복잡해집니다.

반대로 보증보험은 보증사로부터 하자 이행을 위해 필요한 금전을 약정된 보증률에 따라 보상받을 수 있습니다.

법령에 보면 '지급 각서로 대체할 수 있다'라고 되어 있습니다.

계약 담당자는 '할 수 있다'는 의미를 잘 되새겨 보고, 계약 건의 성질에 따라 지급 각서로 대체할지, 보증보험으로 수납받을지 잘 판단해야 합니다. 여기서 한가지 권장하는 방법이 있습니다.

예를 들어, 구매하는 물품의 하자보증금을 접수할 때, 보증보험으로 받을지, 지급 각서로 대체할지 사업 부서 담당자와 의견을 나누는 것입니다.

사업 부서 담당자가 물품의 하자가 염려된다면, 보증보험으로 보증금을 접수합니다.

반대로, 물품의 하자 염려가 적다면 지급각서로 대체하더라도 무방할 것입니다.

계약 담당자로 처음 발령받게 되었을 때, 밀려오는 계약체결 업무를 감당하기 힘들었던 때가 있습니다.

당시 일관성 있게, 소액 하자보증금은 지급 각서로 대체하였는데, 사업 부서 담당자가 왜 하자보증보험으로 접수받지 않았냐고 의견을 제기한 적이 있습니다.

적당히 설명하여 되돌려 보냈지만, 나중에 하자보증 관련 법령을 다시 보면서, 다음에는 사업 부서 담당자와 상의해 보고 결정해야겠다는 생각했습니다.

이때부터 계약은 사업 부서 담당자와 긴밀히 소통하고, 호흡하는 업무라고 생각했습니다.

26. 외자계약이 뭐지?

Point 공고 기간에 여유가 있다면 내자입찰 후 외자입찰로!

"주사님, 이번에 구매하는 물품은 외국에서 생산되는 물품이
에요. 그래서 외자계약이란 것으로 진행하려고 하는데 안내
좀 부탁드려요."

외자는 국내에서 생산 또는 공급되지 아니한 물자 및 용역을 구매
하는 것을 말합니다.

10년 이상 경력을 가진 계약 담당자도 외자 구매 경력은 드뭅니
다. 그래서 역량이 부족할 수밖에 없고, 대부분 중앙조달(조달청 위탁
- 계약 대행)로 이루어집니다.

필자도 두, 세 번 진행해 본 경험이 있지만, 영어 공고문을 만드는
것부터, 무역 거래조건에 관한 국제규칙(인코텀즈), 운송 조건, 운송업
체 선정 등 공부하는 데만 두 달이 소요 되었습니다. 대부분 규격 ·
가격 동시 입찰로 이루어지기 때문에 낙찰자 결정은 어렵지 않으나,
공고에서부터 낙찰자 결정 전까지 난관이 많았습니다.

외자계약은 첫 번째로 내자 입찰 공고를 먼저 해보기를 권장합니다. 내자 입찰공고를 통해 공급자를 찾을 수도 있습니다.

외자계약은 두 번째로 조달청 위탁을 추천합니다. 조달청은 전문적으로 외자 계약을 관장하고 있기 때문에 어려움 없이 계약을 체결할 수 있습니다.

외자계약도 장점이 있습니다. 관세 감면을 받을 수도 있고, 예산을 예상보다 더 절감할 수도 있습니다. 기회가 된다면, 중앙조달을 통해서라도 외자계약 진행을 추천합니다! 많은 것을 보고 들을 기회가 생깁니다.

27. 물품계약을 마무리하며

계약 업무는 어렵습니다. 저 또한 13년을 해 왔지만, 아직도 어렵습니다. 물품계약 집필 목적은 처음 계약을 접하는 계약담당공무원이 계약과 친해질 수 있도록 하는 것이었습니다.

용어에 대한 지식 없이도 편하게 읽을 수 있고, 평소 궁금했던 부분을 쉽게 설명함으로써 다음 단계로 수월하게 넘어갈 수 있었으면 좋겠다는 소망이 있습니다.

계약 업무를 이제 시작하는 계약담당공무원들에게 계약의 길을 먼저 간 사람으로서 한가지 꼭 이야기하고 싶습니다.

계약법이 방대하여 혹시나 경미한 규정을 지키지 못하였더라도 공정하고 투명한 계약체결 과정이었다면 감사에서도 크게 지적하기 어려우니 자신 있게 계약 업무를 하시라고.

경미한 주의도 약이 됩니다. 어떤 사람들은 주의를 받는 것을 하늘이 무너지는 것처럼 받아들이기도 합니다.

내부에서 지적하면 얼른 받아야 합니다. 그래야 외부 감사에서도 중대한 사항이 아니라면 다시 지적하기 힘들기 때문입니다.

또한, 지적을 받음으로써 시민을 위해 봉사하는 공직자 마음가짐을 계속 이어 나갈 수 있습니다.

지금까지 수많은 훌륭한 선배님들을 만나고, 지켜본 경험으로 단 한 번의 실수도 없이 성장한 사람은 없습니다. 분명 실수의 크기는 성장과 비례한다고 보아왔고, 아직도 믿고 있습니다.

홈지기(최기웅) 원장님을 비롯하여 우리 《예산회계실무》 카페 스태프들은 업무 때문에 잠 못 이루는 공무원들을 위해 댓글 봉사를 하고 있습니다. 홈지기 원장님께 조심스레 왜 그리 몸을 희생하시냐고 여쭤봤습니다. 홈지기 원장님과 함께 숙소에 있을 때마다, 새벽 2~3시까지 현안을 고민하시고 정리된 글을 올리십니다. 그러시고는 꾸벅꾸벅 졸고 있는 제게 '멘탈아 자자'라고 하십니다. 그런데 새벽 5시에 일어나 또 댓글을 다십니다. 한번 유심히 댓글 달리는 시간을 보시면 아실 거예요. 그럴 때마다 잠을 이기지 못해 매번 먼저 잠들고, 홈지기 원장님보다 늦게 일어나는 저를 다잡습니다.

천운으로 이 세상에 다시 없을 홈지기 원장님 옆에서 매일 배우고, 카페를 통해 지금까지 계약 업무를 아무 문제 없이 할 수 있는 은혜를 갚기 위해 노력하고 있습니다.

이 자리를 빌려, 부족해도 항상 예뻐해 주시고, 잘할 수 있도록 용기를 주시는 홈지기 원장님께 감사의 말을 올립니다. 저는 원장님 옆에서 배우는 것만으로 무한 감사를 느끼며, 원장님의 모든 점을 배우고 나누려 합니다. 저는 항상 지적받아도 괜찮다는 마음으로 업무를 수행합니다. 저는 분명 공정하고 투명하게 계약 업무를 수행하였고, 저의 업무 하나하나가 결국 공익과 연결되어 있으니 자랑스러울 뿐입니다.

공정하고 투명한 계약 업무 수행은 곧 국가 발전의 밑거름이 됩니다. 분명 어렵고 힘든 업무지만, 지금까지 그것을 잘 수행해 온 선배들이 있고, 그 노하우는 계속 전해질 것입니다.

이 책을 밑거름 삼아 저보다 더욱 성장할 것이라고 믿습니다.

대한민국 공무원 파이팅!
시민들은 우리에게 의지하고 있습니다.

4장

계약의 기본과
공사계약

0. 공사계약에 들어가며

공사계약, 참 어려운 업무입니다.

지금 각지에서도 공사계약을 담당하고 계신 많은 분께 우선 어려운 업무를 맡아 고생하고 계시다는 말씀을 드리겠습니다. 그리고 제가 공사계약 업무를 담당했던 시간 동안 들었던 생각들을 풀어놓고 싶습니다.

계약은 계획과 구상을 현실에 풀어놓는 도구입니다. 어떠한 구조물도, 행사도, 다양한 물품들도 계약이라는 과정 없이는 이루어지지 못합니다. 그렇게 중요한 부분임에도 생각보다는 중요하게 여겨지지는 않는 것 같습니다. 성과측정도 어려운 업무라 참 정붙이기가 힘이 들었습니다.

그렇다면 제가 업무할 때는 어땠을까요? 저는 공사계약을 담당하기 전에는 출퇴근하면서 봐왔던 많은 건물에도 별 감흥이 없었는데, 계약 업무를 맡아보니 눈에 띄는 건물들이 생기기 시작했습니다.

"저 체육센터 내가 계약했던 건물인데..."
"아참 저 문화재도 수리했었지."

계약 담당자분들은 공감하시겠지만, 이 업무는 거의 사무실 안에서만 이루어집니다. 현지 출장 가거나 외부기관 자문 등 자리를 비울 일이 거의 없죠. 하지만 그렇게 사무실에서 열심히 해왔던 계약 업무는 조금씩 세상을 바꿔가고 있었더라고요. 실무를 담당하면서 조금씩 보람을 찾았고, 그건 즐거움이 되었습니다.

그런데 대부분의 실무자분들은 보람을 느끼기가 어렵고, 기피하게 됩니다. 저는 계약 업무를 많은 분들이 기피하는 가장 큰 이유는 난이도라고 생각합니다. 너무나 많은 것들을 알아야 하는 것이죠. 이렇게 되어버린 이유는 계약 업무의 특성에서 알 수 있는데요. 공사한 건을 진행하면서 입찰, 적격심사, 계약, 하도급, 노무비, 안전관리, 폐기물, 대금지급, 건설사업관리 등 각각의 진행 단계별로, 영향을 주는 계약 법령 외의 규정이 너무나도 많습니다.

특히 실수도 많이 합니다. 하루에 처리한 계약 건보다 쌓이는 양이 많아 일에 치여 가다 보면 사람인지라 실수할 수밖에 없습니다. 조직이 그렇지만, 일을 많이 한다고 해서 인정받기보다는 대부분 실수에 대한 감사나 지적이 많아집니다. 게다가 그 실수 하나하나가 수습하기 어려운 일들이라면? 낙찰자로 결정해서는 안 되는 상대와 계약을 했다면? 공고문을 잘못 작성해서 자격이 되는 업체가 참여가 안 된다면? 정말 아찔합니다.

그렇다면 어떻게 접근해야 어려운 업무를 원만하게 끌고 갈 수 있을까요? 큰 틀에서 원칙과 예외를 숙지하고, 그리고 그 예외를 처리하기 위한 장치들을 많이 알면 알수록 계약 업무는 더 가까워집니다. 여러분께도 조금이나마 가까워질 수 있는 계기가 되기를 바라며 공사계약 장의 문을 열어 보겠습니다.

1. 계약의 기본값

총액계약, 단가계약

계약 체결을 위해서는 우선 계약목적물, 계약체결 방법 및 계약체결 절차 등이 먼저 결정되어야 합니다. 이때 사업 부서에서는 여러 가지 고민이 생깁니다. 사업 예산을 다 확보하지 못했을 수도 있고, 얼마나 구매할지 파악이 어려울 수도 있습니다. 이런 여러 가지 상황에 맞게 계약체결 형태는 다양하게 구분하는데, 이를 계약의 기본값과 예외 사항으로 구분해서 파악해 보겠습니다.

계약체결 형태 중 대원칙으로 우리는 총액계약으로 계약서를 작성합니다. 총액계약은 구매하고자 하는 물건, 목적물의 전체에 대해 계약하는 방식입니다. 이렇게 계약하려면 계약의뢰 시점에서 사업 부서는 구매하고자 하는 수량을 정확히 한정해야 합니다. 그런데 이게 어렵다면 어떻게 해야 할까요?

> **지방계약법 시행령 제9조(예정가격의 결정방법)**
> ① 예정가격은 계약목적물 가격의 총액에 대하여 결정하여야 한다.

어릴 적에 학교에서는 점심 후마다 우유를 하나씩 나눠주었습니다. 잠깐 학교에 들어와 학교 우유 구매 담당자가 되어보겠습니다. 구매하는 시점에서 1년 치의 우유 급식 수량을 정확하게 알 수가 있을까요? 1년이 다 지나갔을 때만 실제 납품 수량이 정확하게 확정될 것입니다. 그렇다고 발주 다 받고 계약할 수는 없으므로, 계약 담당자는 고민하게 됩니다.

"발주할 때 수량이 얼마나 필요할지 알 수 없는 사업은 어떻게 발주해야 할까요?"

이때 계약 담당자가 쓰는 카드를 단가계약이라 합니다. 단가계약은 "일정 기간" "지속해서 계약할 필요가 있을 때" "단가에 대해 체결하는" 계약을 뜻합니다. 1월에 학교 우유 구매계약을 체결하기 위해 우리는 우유 1개의 단가에 대해 입찰을 부치고, 낙찰자와 단가계약을 체결하며 사업은 사업 예산의 범위 내에서 자유로이 납품받을 수 있게 됩니다.

> **지방계약법 제25조(단가계약)**
> ① 지방자치단체의 장 또는 계약 담당자는 일정한 기간 계속하여 제조 · 구매 · 수리 · 보수 · 복구 · 가공 · 매매 · 공급 · 사용 등의 계약을 체결할 필요가 있을 때에는 해당 회계연도 예산의 범위에서 미리 단가(單價)에 대하여 계약을 체결할 수 있다.

단가계약은 계약 시점에서 목적물 전체의 수량을 알 수 없어도 효과적으로 계약을 체결할 방법으로, 다양한 분야에서 활용도가 아주 높습니다.

　단가계약 중에서도 아주 빈번하게 쓰이는 방법이 제3자단가계약이라는 방법인데, 조달청 또는 광역자치단체가 주체가 되어 단가계약을 체결하고 수요기관은 계약된 제품을 주문하고 납품받는 방식입니다. 현재 나라장터 종합쇼핑몰에 등재된 품목들은 제3자단가계약이 체결되어 있어 제3자인 수요기관에서는 자유롭게 주문하여 구매할 수 있으며, 수천 건의 계약 건을 각각 맺을 필요 없이 조달청과의 단가계약만으로도 구매가 추진되는 매우 효율적인 계약 방식이라고 할 수 있습니다.

확정계약, 개산계약, 사후원가검토 조건부계약

앞서 알아본 체결 형태 기준은 총액계약입니다.

그런데 이 개념과 확정계약의 개념이 상당히 혼동될 수가 있습니다. 총액계약은 목적물 전체에 대해 계약을 체결하는 원칙이며, "계약서 기재 물량이 전체입니까?"에 대한 답이라고 할 수 있습니다.

따라서 수량을 모르면 단가계약이라는 방식으로, 효율적으로 계약을 체결할 것입니다.

그렇다면 확정계약은 무엇일까요? 확정계약은 "계약금액 사전확정주의"라고도 하며, 계약금액은 계약이행 전에 확정하고, 계약체결 후에는 이를 변경할 수 없다는 것입니다. 발주, 계약체결, 계약 이행의 전 과정에서 합의된 계약금액을 변동하지 않고 완료하면 계약금액을 주는 것입니다. 확정계약은 "계약금액을 바꿔도 됩니까?"에 대한 답입니다. 확정계약의 개념을 통해 우리는 외부의 여건에 흔들리지 않고 계약 이행의 확실성, 안정성을 확보할 수 있습니다.

하지만 계약금액을 확정할 수 없는 상황은 계약을 체결할 때도, 계약 이행 중에도, 계약 완료 후에도 발생합니다. 이 세 가지 상황에서 확정계약의 예외 방식이 각각 존재합니다.

이 중 계약을 체결할 때 불가피하게 계약금액을 확정할 수 없는 상황이면 우리는 개산계약이라는 개념을 활용할 수 있습니다. 개산계약으로 주로 발주하는 사업에는 긴급 재해복구 사업, 개발시제품 제조 등이 있습니다.

우리나라에서는 매년 각지에서 수해, 산사태, 지진 등 다양한 재난들이 발생하고 있습니다. 이에 따라 발생한 재해는 바로 복구해야 할 텐데, 설계부터 끝나고 재해복구공사를 진행한다면 상당히 시간이 지체될 것입니다. 이를 보완하기 위해 설계용역과 복구공사를 약간의 시간차를 두고 발주한 뒤 설계가 끝나면 공사계약금액을 확정하는 방식으로 시간을 벌 수 있을 것입니다.

> **지방계약법 제27조(개산계약)**
> ① 지방자치단체의 장 또는 계약 담당자는 다음 각 호의 어느 하나에 해당되는 계약으로서 미리 가격을 정할 수 없을 때에는 대통령령으로 정하는 바에 따라 개산계약을 체결할 수 있다.
>   1. 개발시제품(開發試製品)의 제조계약
>   2. 시험 · 조사 · 연구용역의 계약
>   3. 중앙행정기관, 다른 지방자치단체 등 과의 관계 법령에 따른 위탁 또는 대행 등의 계약
> ② 제1항에도 불구하고 지방자치단체의 장 또는 계약 담당자는 시간적 여유가 없는 긴급한 재해복구를 위한 경우에는 개산계약을 체결할 수 있다.

다음으로 계약이행 중 계약금액이 확정되지 않는 상황이 있습니다. 계약법령에서는 「사정변경의 원칙」을 원용하여 일정한 요건에 해당할 때는 확정된 계약금액을 변경 조정할 수 있도록 규정하고 있습니다.

이를 계약금액의 조정이라고 합니다. 조정에는 물가변동, 설계변

경, 기타 계약 내용의 변경 등 총 3가지 방식이 있으며 계약금액 확정주의의 예외로써 조정 요건을 두고 있습니다.

최근 몇 년간 최저임금, 물가 등이 매우 가파른 속도로 상승했습니다. 만약 장기간 계속되는 사업에 투입된 재료나 인건비 단가를 계약 시점 그대로 지급하게 된다면 계약 상대자는 예측하지 못한 손해를 입게 될 것입니다.

물가변동은 이처럼 계약체결 후 예측 불가능한 물가 급등락이 있는 경우, 계약의 원만한 이행을 위해 계약금액을 조정할 수 있습니다.

설계변경은 공사 진행 중 예기치 못했던 사태의 발생이나 계획의 변경 등으로 당초 설계 내용을 변경시키는 것을 뜻하며, 이에 따라 증감되는 물량에 맞춰 계약금액을 조정할 수 있도록 하고 있습니다.

그리고 기타 계약 내용의 변경은 설계변경, 물가변동 외에 계약 내용이 변경되어 계약금액을 조정하는 것인데, 이에는 운반거리, 공사 기간 변경, 최저임금액 보장 등의 사유라면 가능합니다.

마지막으로 계약 완료 후에도 확정계약의 예외로 적용하는 방식이 있습니다. 이를 사후원가검토 조건부 계약이라고 합니다.

목적물 전체가 아닌 일부 비목의 금액을 결정할 수 없는 경우 계약 담당자는 입찰에 부칠 때 세부 비목별 정산 방법을 정하고, 계약이 끝난 뒤에 정산 방법에 따라 사후 정산을 통해 계약금액을 확정하는 방식입니다.

이 방식은 제작에 장기간 소요되는 특수품 조달 시에 이용할 수 있으며, 시설 공사에서는 보험료, 안전관리비 등의 비목에 대해 공사 준공 완료 후 사후정산으로 계약금액을 확정한 뒤 대가를 지급하고 있습니다.

단년도계약, 장기계속계약, 계속비계약

　지방자치단체는 매년 들어오는 세입을 해당 연도의 세출예산으로 편성해서 집행합니다. 이를 회계연도 독립의 원칙이라고 합니다. 계약에서도 이 개념은 적용됩니다. 계약 또한 지방자치단체의 재정 활동의 일부이므로, 배정된 예산 범위 내에서 계약을 체결해야 하기 때문입니다. 이 원칙에 따라 도출되는 계약체결 기준이 바로 단년도 계약이 됩니다.

　그런데 모든 사업이 1년 안에 깔끔하게 끝나지는 않습니다. 6개월짜리 설계 용역을 진행하다가도 갑자기 사전절차 누락이나 민원 발생 등으로 사업을 정지하는 상황이 다반사이며, 그러다 보면 회계연도 내에 집행은 물 건너가게 됩니다. 그리고 건축물 신축공사는 최소 1년 반에서 2~3년이 걸릴 수도 있습니다. 이런 사업들은 어떻게 발주해야 할까요?

　지방계약법령에서는 이행에 수년이 걸리는 사업은 2가지 방식으로 계약을 체결할 수 있도록 허용하고 있습니다.

　첫 번째 방식은 장기계속계약입니다. 장기계속계약은 계약목적물 총액에 대해 계약은 체결하지만, 그 전체 중 각 회계연도 예산 범위 내에서 연차별로 계약을 맺는 방식입니다. 장기계속계약의 장점이자 단점은 사업 부서에서 예산을 다 확보하지 않았더라도 전체로 해서 삽은 뜰 수 있다는 점입니다. 그렇게 매년 예산 범위 내에서 계약을 이행할 수 있는 점은 장점이지만, 다음 연도 예산을 확보하지 못한다면 사업 지연 등으로 인한 민원도 감수해야 합니다.

두 번째 방식은 계속비계약 방식입니다. 계속비계약은 장기계속계약과는 다른 점이 있습니다. 바로 예산을 확정적으로 확보했다는 점입니다. 의회에서 계속비 사업으로 승인받았으므로 사업 절차만 진행이 잘 된다면 큰 문제 없이 수년에 걸쳐 사업을 진행할 수 있는 장점이 있습니다. 다만 계속비 승인 절차를 진행하는 것부터 쉽지 않으므로 의회와의 밀접한 협력이 필요할 것입니다.

지방계약법제24조(장기계속계약 및 계속비계약)
① 지방자치단체의 장 또는 계약 담당자는 이행에 수년이 걸리는 공사·제조 또는 용역 등의 계약은 다음 각 호의 구분에 따라 체결한다.
　1. 총액으로 입찰하여 각 회계연도 예산의 범위에서 낙찰된 금액의 일부에 대하여 연차별로 계약을 체결하는 장기계속계약
　2. 「지방재정법」 제42조에 따라 계속비로 예산을 편성하여 낙찰된 금액의 총액에 대하여 계약을 체결하는 계속비계약

단독계약, 공동계약, 종합계약

계약 법령에서 별도로 정하고 있지는 않지만, 지방자치단체가 당사자인 계약에서 계약 상대자 또한 단독으로 체결되는 것이 통상적인 형태입니다. 그런데 계약 발주 과정에서 필요에 따라 어느 한쪽이 2인 이상일 수가 있습니다.

발주하는 쪽이 2인 이상인 경우를 흔히 종합계약이라고 말합니다. 종합계약은 지방자치단체가 다른 공공기관 등과 함께 관련 사업을 추진할 때 공동으로 당사자가 되어 계약을 체결하는 방법입니다. 종합계약의 방식을 통해 각 기관이 번거롭게 각각 계약을 체결하지 않고도 사업 목적을 달성할 수 있게 됩니다.

발주하는 쪽이 2인 이상인 경우 종합계약 방식이 된다면, 계약 상대자가 2인 이상인 경우를 보통 공동계약 방식이라고 합니다. 공동계약 방식은 예외적으로 필요한 경우에 쓰이는데, 2인 이상의 업체가 투입됨으로써 공기단축 등의 목적을 달성하거나 다양한 면허가 필요한 사업에서 면허를 보완하는 방식에서 주로 활용하고 있습니다.

2. 전자계약이란?

2023년부터 챗GPT라는 개념이 새로이 나타났고, 사람들은 놀랐습니다. 단순히 질문에 대한 검색 및 답변 기능을 넘어서, 고도의 사고 과정을 담아내는 챗GPT의 기능에 많은 사람들이 놀람을 넘어 두려움을 느꼈을 것입니다. 공공분야는 민간 시장만큼 시대를 빠르게 따라잡고 있지는 못하지만, 장기적으로 기술의 진보에 따라 변화해 가고 있습니다. 그중 한 분야가 계약문서의 전자화입니다.

계약 업무를 처리하다 보면 우리는 당연하게도 지금까지 해왔던 방식에 길들게 됩니다. 계약서를 쓸 때 예를 들어보겠습니다. 2009년 전만 해도 계약서 작성은 대면 계약이 기본이었습니다. 계약할 때는 서로 마주 앉아서 계약서 2부를 각각 날인하고, 나누어 갖는 것으로 계약이 체결되는 것이었습니다. 그랬던 방식이 2009년부터 전자계약 방식의 계약서도 허용이 되었고, 5년 뒤인 2014년부터는 전자계약서 작성이 원칙이 되었습니다. 하지만 실무적으로는 아직도 예외적 방식인 대면 계약을 체결하는 사례가 잔존하고 있습니다. 업무 수행 방식을 개선하는 것은 참 어려운 일이지만, 앞으로는 많이 바뀌어야 할 것입니다.

다만 아직까지는 증빙으로 원본 제출하도록 요구하는 경우가 많은데, 아직도 종이 문서만이 원본이라고 해석해 전자문서 사용을 주저하고 있기 때문입니다. 이러한 이슈에 대비해 정부에서는 디지털 플랫폼 정부 정책을 기반으로 원본을 요구하는 약 33여 개별 법령을 개정할 예정이라고 합니다. 2007년 처음 애플에서 아이폰이 출시되었고, 불과 몇 년 지나지 않아 대다수의 국민이 스마트폰을 쓰고 있습니다. 이처럼 계약 분야를 포함한 모든 업무도 언젠가는 전자 처리가 정착될 것입니다. 제도 개선과 함께 국민의 인식과 문화도 바뀌어서 다양한 분야에서 전자문서를 통한 사회활동이 정착되기를 바라고 있습니다.

시기	조문 내용(지방계약법 제14조)
2005년	지방자치단체의 장 또는 계약 담당자는 계약을 체결하고자 하는 경우에는 계약의 목적·계약금액·이행기간·계약보증금·위험부담·지체상금 그밖에 필요한 사항을 명백히 기재한 계약서를 작성하여야 한다.
2009년	지방자치단체의 장 또는 계약 담당자는 계약을 체결하려는 경우에는 계약의 목적, 계약금액, 이행기간, 계약보증금, 위험부담, 지연배상금, 그밖에 필요한 사항을 명백히 적은 계약서(「전자서명법」 제2조 제1호에 따른 전자문서에 의한 계약서를 포함한다. 이하 같다)를 작성하여야 한다.
2014년	지방자치단체의 장 또는 계약 담당자는 계약을 체결하려는 경우에는 천재지변 등 대통령령으로 정하는 경우를 제외하고는 안전행정부장관이 지정하는 정보처리장치를 이용하여 「전자서명법」 제2조 제1호에 따른 전자문서에 의한 계약서를 작성하여야 한다.

3. 공사계약을 이해하기 위한 공사업의 변천

건설공사란 무엇일까요? 현행법령인 건설산업기본법에서는 건설공사를 "토목공사, 건축공사, 산업설비공사, 조경공사, 환경시설공사, 그밖에 명칭과 관계없이 시설물을 설치 · 유지 · 보수하는 공사 및 기계설비나 그 밖의 구조물의 설치 및 해체공사"로 정의하고 있습니다. 그런데 막상 정의를 봐도 피부에는 와닿지 않습니다. 그렇다면 예전에는 어땠을까요? 우리나라에서 건설업계가 걸어온 길을 되돌아본다면 건설공사가 얼마나 우리의 삶에 큰 영향이 되어왔는지를 알 수 있을 것입니다.

건설업법이 만들어진 것은 1958년입니다. 당시에는 국가의 기초 인프라를 갖추어 나가는 시기였습니다. 이에 따라 건설 분야를 체계적으로 정비할 필요성이 생겨났고, 건설업법은 기본적인 면허 체계와 건설공사의 계약 방법을 규정하게 되었습니다. 이 당시에는 공사업 면허의 유효기간이 2년이었다고 하며, 현재와는 상당히 다른 형태였음을 알 수 있습니다.

1962년부터 건설산업은 본격적인 도약기를 맞습니다. 제1차 경제개발계획의 시작으로 공업단지, 댐, 고속도로 등 국토기반시설의 건설이 활발하게 추진되면서 건설업은 경제개발의 선도적인 역할을 담당하게 됩니다. 1968년 2월에 착공해 준공에 2년 6개월이 걸린 경부고속도로가 그 한 예이며, 경부고속도로 준공 후 국가교통 및 물류체계가 크게 발전하는 계기가 되었습니다. 이 시기 건설업법이 개정되면서 건설업면허갱신제도가 폐지되었습니다.

1972년 제1차 국토건설종합 10개년 계획이 추진되면서 건설산업은 국토 공간을 체계적으로 정비하는데 중심 역할을 담당하게 되고, 건설업체 난립으로 인한 과당경쟁을 방지하기 위해 1976년 건설업을 일반공사, 특수공사, 단종공사로 구분하고 단종면허를 보호하는 규정을 두었으며 공사업 면허를 3년마다 갱신하도록 다시 변경되었습니다. 그러다 1981년 단종공사업의 명칭이 현재의 전문공사업으로 변경되었습니다.

1980년대는 경제 활황기였습니다. 건설업계도 1986년 아시안게임과 1988년 서울올림픽 개최에 따라 각종 사회기반시설의 구축과 주택, 도시건설 등으로 경제성장과 국민의 주거 안정에 크게 이바지하였습니다.

1994년 정부조달협정에 따라 시장개방 경제체제가 되었고, 1996년 OECD(경제협력개발기구)에 가입함에 따라 건설시장은 규제보다는 시장경제를 지향하는 방향으로 선회하게 됩니다. 이즈음 건설업법은 건설산업기본법으로 전면 개정되었으며 WTO 체제에 맞춰 건설제도를 정비하게 됩니다. 이때 규정된 것으로는 일반건설업, 특수건설업 및 전문건설업으로 구분하던 건설업의 종류를 일반건설업과 전문건설업으로 단순화하고 매년 1회에 한해 발급하던 건설업 면허를 수시로 발급하게 했습니다.

1994년 10월 성수대교 붕괴 사고와 1995년 6월 삼풍백화점 붕괴 사고는 건설업계를 비롯한 국민의 안전불감증에 경종을 울리는 사건이었습니다. 공공 및 민간 시설물의 안전에 대한 사회적 관심이 대두됨에 따라 정부는 부랴부랴 주요 시설물 안전관리를 전문으로 수행하기 위해 시설물유지관리업을 신설했습니다. 2024년 현재는 시설물유지관리업은 폐지되어 건설공사업에 다시 흡수된 상태지만 안전에 관한 국민인식은 당시보다는 많이 개선되었다는 점에 그래도 다행스럽다고 생각합니다.

2007년 일반-전문건설업 간 겸업 제한을 폐지하는 건설산업기본법이 개정되었습니다. 일반-전문건설업 겸업 제한은 건설산업의 분업화와 전문화로 중소기업 생존 기반 마련이라는 긍정적인 면도 존재합니다. 하지만 미국 · 일본 등 타 국가는 종합 · 전문 업역에 따라서 도급을 제한하지 않고 발주자의 자율적 판단에 따라 건설업체를 선택하고 있어 우리나라의 현실이 국제관행과 다른 점과 생산 효율성 저해 등의 다양한 비판이 제기되어 왔습니다. 이에 2007년 겸업 제한을 폐지하는 첫걸음을 내디뎠으며, 2018년 건설산업기본법이 개정되면서 건설산업의 업역 규제를 폐지하고, 건설업종은 기능 중심으로 재편되었습니다.

현재의 종합공사·전문공사 간의 업역 폐지는 지금까지 격변하는 외부 환경에 맞춰 건설업계의 치열한 경쟁과 노력이 만들어낸 산물이라는 생각이 듭니다. 건설은 우리 삶에 빼놓을 수 없는 일부분입니다. 우리가 살아가고 있는 지금 순간을 함께하는 건축물, 시설물이 만들어지기까지의 수많은 사람들의 노력과 땀이 함께 했을 것입니다. 앞으로도 우리나라의 건설업이 지금까지 이뤄온 것보다 더 발전해 나가기를 기대합니다.

◆ ◆ ◆

계약 업무는 실수가 단순히 실수만으로 끝나지 않고, 금전 문제를 발생시킬 수 있으므로 실수는 최소화해야 합니다. 하지만 계약 담당자가 실수하지 않는다? 이게 과연 가능한 명제일까요? 공사계약 총괄 담당자로 앉아 매월 80시간 이상 초과근무를 해왔던 때를 떠올려 보면 당시 상황에서 일을 틀리지 않고 하는 게 가능했을까 하는 생각이 듭니다.

입찰대행 업무를 담당한 지 얼마 되지 않아 실수하게 되었습니다. 해당 사업은 2천만 원 이상 5천만 원 이하의 용역이었습니다. 따라서 2인 이상으로부터 전자견적서를 받아서 계약을 진행하는 상황이었고 용역 낙찰하한률인 88%로 설정하여 공고해야 했었는데, 개찰을 해놓고 보니 공사 낙찰하한률인 87.745%로 낙찰하한률 기입을 잘못해서 개찰 순위가 뒤집혔던 것입니다.

부랴부랴 정정 전후 순위인 업체에 양해를 구했고, 낙찰하한률을 정상적으로 반영했을 때의 개찰 결과를 수기로 작성해서 첨부하고 공지사항에도 안내했습니다. 다시 생각해 봐도 아찔한 상황이었습니다. 만약에 잘못된 것을 인지하지 못한 채 계약을 체결했다면, 해결하기 상당히 어려운 상황이었을 것입니다.

물론 이 외에도 실수는 종종 있었고, 그러면서 배워나갔습니다. 사실 계약 담당자가 모든 규정을 알 수는 없는 현실입니다. 그렇기 때문에 처음부터 완벽히 하려 하기보다는 문제가 발생했을 때 최선의 대응을 하는 것이 더 바람직하다고 생각합니다. 애초에 완벽할 수 없는데 완벽히 하려고 보니 없던 문제도 만들어버리게 되는 상황이 생기니까요.

계약은 처분이 아닙니다. 법의 테두리 안에서 당사자의 합의로 이루어집니다. 그러므로 절차 하나하나를 완벽히 외워서 업무를 하기보다는 가장 중요한 원칙부터 가지를 쳐나가면서 기틀을 단단히 하는 것이 바람직합니다. 모든 계약 과정에는 당사자 간의 의사가 필요하며 그 의사는 계약서에 합치가 되었고, 그 내용은 신의성실의 원칙에 따라 이행되어야 할 것입니다. 계약 불이행으로 인한 부정당업체 통보를 팩스 문서로만 보냈다가 문서송달의 요건을 충족하지 못해 처분 효력이 발생하지 못한 사례처럼, 의사는 명확하게 확인되어야 합니다. 그러기 위해 절차가 따라오게 되는 것입니다.

계약 업무가 어렵고 많은 분들이 고민과 실수를 하시겠지만 어제보다는 나은 오늘이 되시기를 바라며 쉬어가는 글을 마무리합니다.

4. 분리발주와 분할발주

　건축물의 시공은 건축공사업자가 해야 합니다. 그런데 모든 공정을 건축공사업자가 다 해야 할까요? 그렇지는 않습니다. 그렇다면 어떻게 구분하면 좋을까요? 몇 가지 사례로 구분을 해보고자 합니다.

　우선 지방계약법령에서는 동일 구조물 공사 또는 단일 공사는 전체 사업 내용이 확정된 경우 공사량을 나눌 수 없다고 못 박아놓고 있습니다. 하지만 예외 규정이 몇 가지 있는데 이중 다른 법령에 따라 다른 업종의 공사와 분리할 수 있는 경우는 공사량을 나누어 계약할 수 있도록 하고 있습니다.

　이 규정은 대체로 건축공사에 많이 적용되므로 건축공사를 기준으로 살펴보면, 건축사의 건축물 설계 도면에 따라 건축공사업자가 시공하는 것은 맞지만 다른 법령에 따라 전기공사, 통신공사, 소방공사는 공사량을 나누어 별도의 계약을 체결하여야 합니다. 그리고 건설폐기물도 100톤 이상 발생하는 경우는 건설폐기물법에 따라 분리발주 의무 대상이 됩니다.

　다만 분리발주에서 유의할 점이 있는데, 다른 법령에서 자격을 요구한다고 해서 의무적으로 분리발주 대상이 되는 것은 아니라는 점입니다.

지방계약법 시행령 제77조(공사의 분할계약 금지)

① 지방자치단체의 장 또는 계약 담당자는 행정안전부장관이 정하는 동일 구조물공사 또는 단일공사로서 설계서 등에 따라 전체 사업내용이 확정된 공사는 이를 시기적으로 분할하거나 공사량을 분할하여 계약할 수 없다. 다만, 다음 각 호의 어느 하나에 해당하는 공사의 경우에는 그러하지 아니하다.

  1. 다른 법령에 따라 다른 업종의 공사와 분리 발주할 수 있도록 규정된 공사

  2. 공사의 성질이나 규모 등에 비추어 공구(工區)나 구조물을 적정규모로 분할 시공하는 것이 효율적인 공사

  3. 공사의 성격상 공종(工種)을 분리하여도 하자책임 구분이 용이하고 품질·안전·공정 등의 관리에 지장이 없는 다음 각 목의 어느 하나에 해당하는 공사로서 공종을 분리 시공하는 것이 효율적이라고 인정되는 공사

    가. 설계서가 별도로 작성되는 공사

    나. 공사의 성격상 공사의 종류별로 시공의 목적물, 시기와 장소 등이 명확히 구분되는 공사

법제처 안건번호 16-0542호에 따르면 "석면을 해체·제거하는 경우 건축물이나 설비의 소유주 등은 석면해체·제거업자에게 분리해서 발주하는 방식으로만 석면을 해체·제거하여야 하는 것은 아닙니다."로 답변하고 있으며, 건축물 해체 과정에서 발생하는 석면건축물을 해체업자가 석면해체 자격이 있다면 함께 철거가 가능하다는 뜻이 됩니다. 이 취지는 분리발주 자체가 계약자유의 원칙의 예

외이므로, 분리 발주를 강제하기 위해서는 명문의 규정이 있어야 하는데 해당 규정에서는 '석면의 해체·제거를 명시적으로 분리하여 발주하여야 한다.' 라고 규정한 것이 아니라면 과도한 제한이 된다는 취지입니다.

그리고 분리발주와 혼동할 수 있는 개념이 있습니다. 여러 가지 과업이 혼재된 계약입니다. 예를 들면 행사용역에 물품임차, 무대장치 설치, 현장 안전관리 등 다양한 과업을 혼재하여 발주하는 방식입니다. 물론 공사, 용역, 물품 과업별로 구분하는 것이 원칙일 것이나 꼭 그렇게 진행하지 못하는 경우도 비일비재합니다. 그렇다면 사업 담당자는 사업 계획단계부터 아래의 5가지 검토 사항을 사전에 검토하여 발주해야 합니다.

첫 번째는 공사 관련 법령 준수 여부입니다. 만약 과업이 공사가 명백한 사업이라면 혼재된 계약으로 발주하지 않도록 주의해야 하며, 과업에 공사가 일부 포함된 사업이라면 공사 부분에 대한 의무적 가입보험료 등을 반드시 계상해 주어야 합니다.

두 번째로 계약목적물의 유형별 독립성, 가분성입니다. 과업의 선후관계가 불분명하거나 임의분리가 어려운 과업이라면 단일 사업으로 발주를 검토해 볼 수 있을 것입니다.

세 번째는 하자 책임 구분의 용이성입니다. 별도의 사업으로 발주함으로써 하자 부분에 대한 책임 관리가 용이한지에 따라 검토하게 됩니다.

네 번째로 계약이행 관리의 효율성입니다. 5가지 검토 사항 중 혼재된 계약으로 발주하는 가장 중요한 이유일 것입니다. 아무래도 분할발주를 하게 되면 각각의 사업마다 다른 계약 상대자가 이행하게 되어 서로 협조가 어려울 수 있습니다. 특히 행사용역의 경우라면 모든 과업을 분할하게 되면 사업 담당자나 계약 담당자는 상당한 업무 과중에 시달리게 될 것입니다.

마지막으로 시장 경쟁제한 효과입니다. 모든 업종은 다 각각의 시장경쟁 논리에 따라 흘러가게 됩니다. 그런데 계약 담당자는 최소 2인 이상의 업체가 있어야 입찰에 부칠 수 있습니다. 만약 과업이 혼재되면서 필요한 요구 면허가 증가하게 되어 특정 자격을 갖춘 자가 독식하는 형태가 된다면 해당 계약 건은 과도한 제한에 해당할 수 있을 것입니다.

이렇게 총 5가지의 검토를 통해 사업을 혼재하여 발주할지, 분할발주할지를 검토해 볼 수 있습니다. 법령에 따른 의무적 분리발주인지, 사업 부서의 검토를 통한 임의적 분할발주인지는 어떤 사업인지에 따라 달라질 것입니다. 계약 담당자가 이 내용을 잘 숙지하고 있다면 사업 발주 과정에서 다양한 민원에도 효과적으로 응대할 수 있고, 더 나아가 계약 본연의 목적인 사업 수행 달성에도 큰 도움이 될 것입니다.

5. 보증이 필요한 이유

누구도 미래는 예측하기 어렵습니다. 당장 내일 홍수나 지진이 날지도 모르고, 어떤 사고로 인해 큰 문제가 발생할 수도 있습니다. 계약 분야에서도 다양한 사고의 위험은 항상 존재하고 있습니다. 그런 미래의 불확실성을 최소화하기 위해 계약 법령에서는 보증이라는 장치를 두고 있습니다. 보증은 일정 금액을 담보하여 상대자가 계약 체결에 응하지 않거나 계약이행을 하지 않는 등 보증 목적에 반하는 행위를 하는 경우 그 보증금을 귀속시키는 과정입니다. 계약 상대자는 문제가 되는 경우 보증금을 귀속 당하는 금전적 손해를 감수할 것을 고민하게 되며, 계약 담당자로서는 보증에 따라 상대방의 계약 미이행 등의 문제를 효과적으로 제한할 수 있게 됩니다. 여기에서는 주요 보증의 개념과 유의 사항을 알아보고자 합니다.

계약을 발주할 때는 원칙적으로 모두를 참가하게 해야 합니다. 발주기관은 공고를 게재하고, 입찰 참여 업체는 공고를 보고 원하는 가격을 기재한 입찰서를 제출하게 됩니다. 그런데 만약 업체가 어떠한 제한도 없이 자유로이 입찰을 포기할 수 있다면 회계연도 내 예산 집행계획에 차질이 생기고, 계약 상대자와의 협의 시간이 늘어나게 되어 업무 부담이 증가할 것입니다. 이를 제한하기 위해 계약 담당자는 입찰에 부칠 때 보증금을 납부할 것을 공고에 포함하게 되며, 이를 입찰보증금이라 합니다. 입찰보증금은 강력한 담보의 역할을 하지만, 입찰 참여업체 모두에게 현금을 받았다가 돌려주는 것은 매우 번거로운 일이므로, 실무에서는 입찰에 참여할 때는 보증금 납부를 면제하고, 낙찰됐는데 계약을 체결하지 않는 업체에만 납부받아 처리하고 있습니다.

　마찬가지로 계약 중에 계약 상대자가 계약을 이행하지 않는 경우에도 보증금을 귀속시키게 되는데, 이를 계약보증금이라고 합니다. 계약의 보증 방식은 2가지로 구분되며, 계약보증과 공사이행보증으로 나눕니다. 계약보증은 계약 상대자가 계약상의 의무를 이행하지 못한 경우 계약보증금 전액을 국고에 귀속하는 것이며, 공사이행보증은 계약 상대자가 의무이행을 하지 못했을 때 이행보증하는 기관에서 잔여분 공사를 대신 완수하게 하며, 그마저도 불이행하면 보증금을 귀속시킵니다. 계약보증금 귀속보다 공사이행보증이 더욱 강력한 보증 방식이나, 실무에서는 300억 원 이상 공사에 적용되며, 대부분은 계약보증금만 귀속시키도록 계약서에 정하고 있습니다.

　지방자치단체는 매년 지방재정 신속 집행을 위해 다양한 노력을 하고 있습니다. 그 중 많이 쓰이는 방법은 선금 지급입니다. 선금 지급에서의 유의 사항으로 계약 담당자는 선금을 지급할 때 반드시 보증서를 받아 두어야 합니다. 선금은 대금 사고에 상당히 취약한 분야이며, 선금을 지급한 사업이 정지 중이라면 선금 보증서 보증기간을 넘어가는 경우가 생기는데 이때부터 보증사에서 선금 반환을 해주지 않기 때문에 문제가 생기게 되면 돌려받을 방법이 마땅찮게 됩니다. 따라서 선금보증서는 꼭 보증기간을 연장해 두어야 합니다.

계약은 끝나고 나서도 의무가 면제되지 않습니다. 그중 하나가 하자보증입니다. 하자보증금은 계약서에 정한 기간 안에 계약 상대자에게 하자를 보수해 줄 의무를 부여하는 장치이며, 발생한 하자를 보수하지 않으면 보증금을 귀속시킨 후 그 금액으로 보수를 진행하게 됩니다. 그런데 현장에서 하자 문제가 발생하면 그 책임 소재가 명확하지 않은 경우가 빈번합니다. 따라서 공정별로 책임을 명확하게 구분하고, 업체의 책임이 아닌 일에도 과도하게 하자보수를 명령하는 것은 조심해야 할 것입니다.

6. 하도급이란?

하도급이란 무엇일까요? 일반적인 도급계약은 동등한 위치에서 당사자 간 계약을 체결합니다. 도급계약의 상대자가 제3자에게 도급계약 내용의 일부를 위탁하고 그 대가를 지급하는 것을 하도급이라고 합니다. 하도급법에서는 "하도급 거래"란 원사업자가 수급사업자에게 제조위탁·수리위탁·건설위탁 또는 용역위탁을 하거나 원사업자가 다른 사업자로부터 제조위탁·수리위탁·건설위탁 또는 용역위탁을 받은 것을 수급사업자에게 다시 위탁한 경우, 그 위탁을 받은 수급사업자가 목적물 등을 제조·수리·시공하거나 용역 수행하여 원사업자에게 납품·인도 또는 제공하고 그 대가를 받는 행위로 정해놓고 있습니다.

일반적인 하도급은 건설 하도급을 떠올리게 되는데, 이유는 건설업 구조가 아직은 종합공사업과 전문공사업의 이원화된 등록체계로 분야를 구분해 놓고 있기 때문입니다. 건설업은 일정 요건에 해당하면 하도급계약을 체결할 수 있습니다. 종합공사의 경우, 규모에 따라 의무직접시공비율을 제외한 부분은 하도급계약으로 진행할 수 있습니다. 그리고 전문공사의 경우는 원칙적으로는 금지나, 발주자가 서면으로 승낙을 한 경우는 예외적으로 가능합니다.

그렇다면 하도급계약은 별다른 제약 없이 자유롭게 체결이 가능할까요? 개별법령에서 금지하지 않는다면 하도급은 원칙적으로는 허용이 되는 위수탁 관계에 해당합니다. 그러나 계약당사자는 도급자와 계약을 체결한 것이지, 하도급자와는 직접적 관계가 없습니다. 더군다나 하도급계약의 계약금액은 원도급계약 부분액보다 대부분 적을 수밖에 없고, 이는 저가 하도급에 따른 품질 저하를 불러옵니다. 심지어 하도급이 금지된 분야에서도 심심찮게 불법 하도급이 발생하고 있습니다. 그렇다면 하도급은 어디까지 허용해 줄 수 있을까요? 2019년 법제처 회신 내용으로 하도급의 허용범위를 해석한 것이 있어 이를 바탕으로 하도급 가능 여부를 가늠해 보면 좋을 것입니다.

2019년 법제처 유권해석은 전문공사업자가 도급공사 중 부대공사를 동일한 업종이 아닌 전문공사업종을 등록한 건설업자에게 하도급하는 것이 가능한지에 대한 질의에 대한 답변이었습니다. 전문공사는 원칙적으로는 하도급을 금지하고 있으며 예외적으로 발주자가 서면으로 승낙한 경우는 가능하다고 법에 규정이 되어있는데 여기에서 쟁점은 동일한 업종이 아닌 건설업자에게도 적용해야 하는가였습니다.

당시 민원인은 기계설비공사업으로 등록한 건설업자가 도급받은 전문공사 중 부대공사인 가스시설 공사를 가스시설시공업으로 등록한 건설업자에게 하도급하는 것이 가능한지에 대하여 국토교통부에 질의하였으나, 다른 업종에 해당하는 건설업자에 대한 하도급은 발주자의 승인 여부와 상관없이 불가하다는 회신을 받았으며, 이에 이의가 있어 법제처에 법령 해석을 요청한 상황이었습니다.

그런데 법제처는 국토교통부와 전혀 다른 해석을 내놓았습니다. 하도급 제한 규정의 위반은 영업정지나 과징금 등 침익적 처분의 근거가 되는데, 이때의 행정 법규는 엄격하게 해석·적용해야 하고 행정처분의 상대방에게 불리한 방향으로 지나치게 확장 해석하거나 유추해석을 해서는 안 된다는 점을 명확히 하였습니다. "다른 업종"에 해당하는 건설업자에게 하도급할 수 있는지에 대해서 법령상 명문의 규정이 없음에도 불구하고 발주자의 승낙 여부와 관계없이 원천적으로 하도급이 금지된다고 보는 것은 타당하지 않다고 본 것입니다.

상식적으로 건설공사는 하도급 금지라고만 알아두면 지금 같은 법리의 기본 원칙을 놓칠 수가 있습니다. 해당 유권해석은 계약이나 공사 관련 업무를 하고 있다면 반드시 그 해석까지 정확히 알아두어야 하는 중요한 사항입니다. 우리는 지금도 어떤 규정을 금지와 허용에 대한 판단을 깊이 생각하지는 않고 주어진 대로 판단하고 있을 것입니다. 왜 동일 업종은 금지하지만, 다른 업종에 대해서는 규정하지 않았을까?라는 질문을 던져야만 더욱 깊이 있는 업무처리를 가능하게 할 것이라는 생각이 듭니다.

7. 중대재해처벌법을 대하는 우리의 자세

　중대재해처벌법(중대재해처벌 등에 관한 법률)은 2022년 1월 제정되었습니다. 이 법의 적용 범위는 중대산업재해와 중대시민재해를 포괄하여 중대재해로 정의합니다.

　중대산업재해는 산업안전보건법상 산업재해 중 사망자가 1명 이상 발생하거나, 동일한 원인으로 6개월 이상 치료가 필요한 부상자가 2명 이상 발생하거나, 동일한 유해 요인으로 발생하는 직업성 질병자가 1년에 3명 이상 발생한 경우로 정의됩니다. 중대시민재해는 특정한 원료나 제조물, 공중이용시설, 대중교통수단의 설계, 제조, 설치, 관리상 결함으로 인해 사망자가 1명 이상 발생하거나, 동일한 사고로 2개월 이상 치료가 필요한 부상자가 10명 이상 발생하거나, 동일한 원인으로 3개월 이상 치료가 필요한 질병자가 10명 이상 발생한 경우로 정의됩니다. 다만, 이 중 5인 미만 소규모 사업장에서는 중대산업재해에 관한 규정이 적용되지 않습니다.

　지방자치단체의 장을 포함한 사업주나 경영 책임자는 중대재해를 예방하기 위해 인력 예산을 확보하고 안전보건관리체계를 구축해야 합니다. 그리고 재해가 발생한 경우 재발방지대책을 수립하고 이행을 해야 하며, 관계 법령에 따른 의무이행에 필요한 조치도 해야 합니다.

그렇다면 계약 분야에서는 어떤 사전 준비가 필요할까요? 공사나 용역계약의 경우 중대재해처벌법 이전에는 공사 현장의 사고는 전적으로 시공업체의 책임이었습니다. 하지만 법 제정 이후 위험의 외주화로 인한 책임에서 사업자나 경영 책임자가 자유롭지 못하게 되었습니다. 그에 따라 제3자에게 도급, 용역, 위탁을 맡긴 경우에도 제3자의 사업장 및 그 이용자의 안전을 위한 조치를 해야 하는데, 예를 들어 용역계약에서도 산업안전보건관리비를 계상하여 안전장비를 지급하도록 하거나 공사·용역 발주 시 과업지시서에 안전관리에 관한 사항을 반드시 포함하도록 하는 것입니다.

중대재해처벌법이 무서운 이유는 처벌 수위가 매우 높기 때문입니다. 사업주나 경영 책임자의 경우는 안전조치 의무를 위반하여 사망사고가 발생하면 1년 이상의 징역 또는 10억 원 이하의 벌금에 처하고, 부상자나 질병자가 발생한 중대재해의 경우에는 7년 이하의 징역 또는 1억 원 이하의 벌금에 처합니다. 발주기관도 감독기관으로서 양벌규정이 적용되는데, 사망자 발생 시 50억 원 이하의 벌금에 처하고, 부상 및 질병 발생 시에는 10억 원 이하의 벌금이 매겨지는 등 매우 높은 처벌 기준이 적용되므로 사업 진행 시에 안전에 관한 사항은 관리·감독을 철저히 해야 할 것입니다.

8. 자연휴양림 내 건축공사의 의미

계약 업무를 진행하는 동안 기억나는 사례가 하나 있습니다. 자연휴양림 내 숙박시설 건립공사였는데, 입찰공고에는 산림사업법인 중 자연휴양림 등 조성 업자가 참여하도록 했었습니다. 그중 적격심사 대상 업체인 산림사업법인에서 적격심사 실적증명서를 제출하였는데, 법령에 어긋나는 여지가 있어 검토를 진행했습니다.

산림사업은 상위법령인 산림자원법에서 지속 가능한 산림자원을 경영하고 산지 내의 다양한 사업을 추진하도록 하여 만들어진 사업 형태로, 산림조성·육성·복구·복원 등을 산림에서 이루어지는 사업과 도시숲·생활숲·가로수·수목원 관리를 할 수 있는 사업입니다. 그런데 산림사업은 만들어질 때부터 다른 건설업 분야와 업무 범위가 다소 중복이 되어왔습니다. 나무를 식재하는 과업은 조경식재 분야와 중복이었고, 산지 내 건물을 신축하는 조성 사업의 경우는 건축공사업과도 다소 중복이 되었습니다. 이렇게 업종이 명확하게 구분되지 않고 중복된 상태에서 업무를 처리해 오고 있었습니다.

적격심사서류 검토결과 실적증명서가 잘못 발급된 것으로 해석했는데, 하도급 실적증명서류에 발주자의 확인 날인을 받지 못했기 때문이었습니다. 물론 업체는 반발했습니다. 결정을 내리기 어려운 상황이어서 산림청에 해당 내용을 질의했고, 질의답변을 받는 기간을 심사 기간에서 제외할 수 있는 규정에 따라 회신이 오기만을 기다렸습니다. 그런데 회신은 예상했던 것과는 다른 방향으로 흘러가고 있었습니다.

상위부처인 산림청에서 산림사업법인의 실적을 검토하는 과정에서 산림자원법은 하도급에 관한 별도의 명문 규정이 없었으므로, 하도급이 가능한지에 대한 검토가 필요했습니다. 그래서 산림청은 하도급과 관련해서 국토교통부에 질의하게 되었는데, 예상하지 못한 회신을 받게 됩니다. 해당 공사는 건설공사에 해당하므로(당시 연면적 규정 개정으로 200㎡ 이상의 건축공사는 건축공사업 면허를 등록한 자만 시공 가능) 산림사업법인으로 발주한 자격이 잘못되었고 해당 공사는 건축공사이다, 라고 회신한 것입니다. 이제는 상대 업역 간의 경쟁으로 넘어가게 되었습니다.

산림청과 국토교통부의 의견이 달라 법제처에 유권해석을 의뢰하였고, 아래 내용이 법제처 유권해석에 등록되었습니다.

"- 중략 - 이러한 점을 고려하면 산림사업의 일환으로 건설공사를 시행하려는 경우라도 산림사업을 하려는 자가 산림자원법 제24조 제7항 각호에서 규정하고 있는 산림사업법인 등록을 하지 않고 산림사업을 할 수 있는 자에 해당하지 않는다면 산림사업을 위해 산림사업법인을 등록해야 한다고 보아야 합니다."

이 해석의 가장 큰 의의는 건설산업기본법과 산림자원법 각각의 법 제정 의도를 볼 때 중복되는 업무 분야에서 각자가 배타적으로 먼저 적용될 수 없다는 것을 보여준 것입니다. 대한민국에서 법체계는 보편적으로 적용되는 일반법과, 그보다 특정 분야에서 우선 적용되어야 하는 특별법 체계로 구성하고 있고 이를 '특별법 우선의 원칙'이라 합니다. 그런데 건축공사업과 산림사업이 각자가 서로 특별법 관계가 아니라면 각각의 법을 우선 적용할 것이 아니라, 모두를 충족해야 한다는 것입니다.

그렇게 해당 사업은 건축공사업과 산림사업 모두에 해당하는 사업이라는 결론이 났고, 따라서 당시에 제출한 하도급 실적은 건설산업기본법에 따라 처리해야 했던 불법하도급 실적으로 판명이 났습니다.

위 계약 건은 계약 업무를 하면서 제게 큰 경험이 되었습니다. 규정이 명백하지 않더라도 각 법령의 제정 이유와 절차를 명확하게 숙지만 하고 있다면 상대방이 아무리 그럴듯한 오류를 주장하더라도 결국에는 최선의 결과를 만들어낼 수 있다는 점입니다. 계약 업무를 하다 보면 정말 51 대 49의 상황을 많이 만납니다. 하지만 가장 근본적인 원칙과 취지를 명확하게 알고 있어야만 문제없이 계약 업무를 수행할 수 있을 것입니다.

9. 건설근로자 보호를 위한 다양한 정책

건설공사에는 반드시 근로자가 투입됩니다. 하지만 건설근로자는 현장에서의 안전 위험, 낮은 고용안정성, 고령화 등 다양한 불안 요소에 노출되어 있습니다. 고용노동부에서 발표하는 건설근로자 고용 개선 기본계획에 따르면 건설근로자는 2018년 2백3만 명을 정점으로 지속해서 감소세에 있으며, 50세 이상이 전체의 절반가량을 차지할 정도로 고령화 수준이 높은 상황입니다. 임시직 비중도 55%로 전 산업 평균보다 약 25% 높아 고용 안정성이 상대적으로 낮은 업계에 속합니다.

이처럼 실업과 취업을 반복하는 일용직 근로자에게 다양한 정책을 통해 정부에서는 건설근로자의 처우개선과 보호에 힘을 쏟아왔습니다. 본격적으로 건설근로자의 고용 개선을 위해 고용노동부에서는 2002년 제1차 기본계획을 수립하였습니다.

제1차 기본계획(2002~2006)에서는 건설근로자 고용 개선을 위한 최초의 체계적인 중장기 종합계획을 수립하는 의의가 있었지만 전담 조직 미비와 성과관리 부족으로 전반적 성과는 미진했습니다. 하지만 일용근로자 퇴직공제 의무가입 대상 확대, 건설 현장 편의시설 제공 등을 의무화하는 성과도 있었습니다.

한편, 2008년 '건설고용보험카드제'가 시행되면서, 건설 현장에서 건설일용근로자의 근로경력 확인은 물론 이들의 고용 환경을 개선할 수 있도록 하였습니다. 그러나 당시 건설고용보험카드제는 많은 이점에도 불구하고 많이 활성화되지 못하고 있었습니다. 이는 2022년 7월 건설근로자 전자카드제 도입으로 미비했던 현장 신고의 부족한 부분을 보완하게 됩니다. 현재 건설근로자 전자카드제는 공공 1억 원, 민간 50억 원 이상 공사는 의무적으로 적용되며, 퇴직공제부금 가입대상자 관리를 위해 건설 현장에 투입되는 모든 근로자의 출 · 퇴근 내역을 전자적으로 관리하고 퇴직공제부금 신고도 같이 이루어지는 방식입니다.

제2차 기본계획(2009~2013)은 건설업의 고용구조 개선을 중점적으로 추진하였으나, 고용구조 개선을 위한 각종 신설 사업이 집행저조로 중단되는 등 다소 제한적인 효과가 있었습니다. 하지만 이 시기 공공계약에서는 큰 변화가 있었는데, 바로 노무비구분관리제도의 도입입니다.

노무비구분관리제는 크게 구분관리제와 지급확인제로 구분이 되는데, 공사대금에서 노무비를 구분해서 관리하고, 매월 노무비 전용통장으로 노무비를 지급한 후 임금지급내역을 다음 달에 확인하는 제도입니다. 2012년 공공분야 예규 및 지침 등으로 시행하다가 2019년 건설근로자법 개정으로 법적 근거를 확보했습니다. 건설근로자의 임금지급에 있어 실질적으로 효과를 발휘하는 강력한 제도이지만 현장에서 계약 담당자들이 가장 헷갈리는 제도이기도 합니다.

우선 노무비구분관리제는 모든공사, 단순노무용역에 적용됩니다. 그리고 예외 조건을 두고 있는데, 구분관리제도의 예외와 지급확인제도의 예외입니다. 구분관리제도의 예외는 선지급, 30일 이내인 경우이며, 지급확인제도의 예외는 상용근로자로만 투입하는 경우입니다. 만약 계약 체결할 당시에는 상용근로자로만 공사를 시공하려고 했다가 중간에 일용근로자를 투입하는 경우라면 구분관리제 합의서를 작성해서 제출하는 것이 원칙이지만, 현장에서는 잘 이행되지는 못하고 있습니다. 그리고 구분관리제도는 건설공사 하도급지킴이 의무지급대상과 규정이 상당히 유사하여 많이 헷갈리고 있습니다. 두 제도의 가장 큰 차이는 임금 구분지급(노무비 구분 관리) 제도는 근로자에게 지급할 비용을 별도로 관리하는 근거이며 하도급지킴이는 이때 비용을 지급하는 시스템과 그 절차이므로 WHY와 HOW라는 개념상의 차이로 알아두는 것이 좋겠습니다.

제4차 기본계획(2020~2024년)의 주요 제도로는 적정임금제 제도화, 기능인등급제, 안전관리 확보 등이 있습니다. 특히 안전관리는 2022년 중대재해처벌법 시행으로 사업장에서의 안전관리에 대한 책임이 한층 높아지면서 건설근로자 보호에도 더욱 많은 노력을 기울이게 될 것으로 보입니다. 적정임금제는 아직은 전면 도입되지는 않았으나 다양한 논의를 통해 적용될 것으로 보입니다.

이렇게 건설근로자를 보호하기 위한 정책들이 다양하게 시행되고 있으므로, 계약 담당자는 관련된 정책들을 숙지하고 건설근로자 보호에도 노력해야 합니다.

10. 건설사업관리의 개념

　건설사업관리는 영문으로는 CM(construction Management)이라고 하며, 건설공사에 관한 기획, 타당성 조사, 분석, 설계, 조달, 계약, 시공관리, 감리, 평가 또는 사후관리 등에 관한 관리를 수행하는 것을 말합니다. 상당히 광범위한 업무영역을 갖고 있으며, 건설공사 시공 전반에 영향을 미치는 업무이지만 정작 실무에서는 이해하기 어려운 제도입니다. 그래서 본 장에서는 건설사업관리라는 개념에 최대한 쉽게 접근해 보려고 합니다.

　우선 우리나라의 감리제도에 대해 알아보면 1962년 건축법 제정 및 1963년 건축사법의 제정으로 민간감리 제도가 처음으로 시행되었다고 합니다. 이 당시 감리제도는 건축사가 시공의 적법성과 설계도서대로 시공이 되는지를 확인하는 것을 목적으로 도입되었습니다. 그러다 1987년 「건설기술관리법」(현재 건설기술진흥법)을 제정하여 공공건설공사분야에 감리제도를 도입하게 됩니다. 그때부터 우리나라 감리제도는 발주자를 중심으로 민간부문과 공공부문으로 이원화되어 운영되게 됩니다.

　그러다 지속되는 부실시공에 따른 대형 사고로 인해 1994년 50억

225

원 이상의 공공 건설공사에 대해 감리원에게 실질적인 권한을 부여하고, 그에 따른 책임도 강화하는 '책임감리제도'를 전면 시행하게 됩니다. 이때의 책임감리제도가 현재의 CM과 유사하지만 건설사업관리가 더욱 광범위한 개념입니다.

그렇게 민간감리분야, 공공책임감리로 이원화 되어오다가 건설기술관리법이 건설기술진흥법으로 전부 개정되면서, 공공분야는 건설사업관리라는 방식으로 시공 분야의 감리뿐만 아니라 설계 전, 설계, 조달, 시공 후 단계 등 공사의 모든 과정에서의 검토 업무를 일컫게 되었습니다.

다만 건설사업관리 용역이 실제로 공공분야에서는 모든 업무 내용을 수행하지는 않고, 사업관리 방식을 사전에 검토해서 분야별로 건설사업관리 적용 수준을 정하여 진행하게 됩니다. 여기서 공공 건축물 시공 시에 책임감리와 건설사업관리의 차이가 나는 지점이 있습니다. 공공청사 건축공사 중 연면적 5천 제곱미터 이상인 200억 이상 공사의 경우 건설사업관리를 의무적으로 시행해야 하는데, 건설사업관리 의무 공사가 아닌 해당 요건 기준 이하 공공청사 건축공사의 경우더라도 건축법에 따른 감리는 의무 대상일 수 있습니다. 여기서 시공감리에 대한 범위가 차이가 다소 생기게 됩니다.

그리고 건설사업관리는 가장 작은 분야인 시공감리부터 공사감독권한을 대행하여 감독과 감리를 동시에 진행할 수 있고, 설계용역의 경제성 검토, 성과 검토 등을 통해 건설공사 진행 과정 전반을 일관성 있게 검토하는 역할 또한 수행할 수 있습니다. 이러한 건설사업관리제도를 통해 공공분야 부실시공을 최소화하고 우리나라의 건설

능력을 업그레이드하는 데 크게 이바지했습니다. 앞으로도 전문성을 갖춘 업체들이 공공건설분야 품질 향상과 안전 확보에 큰 역할을 해주기를 기대합니다.

11. 소액 공사를 발주할 때 알아야 할 것들

공사계약 업무를 하게 되면 다양한 소액 공사들을 자주 접하게 됩니다. 옥상 방수, 화장실 교체·수선, 설비보수 등 금액은 적어도 막상 발주하려면 쉽지가 않습니다. 소액 공사를 담당하면서 챙겨야 할 간단한 사항들에 대해 안내하겠습니다.

무엇을 할 것인지부터 정해야 합니다

시설물 보수나 교체의 경우 주로 시설팀에서 업무를 처리하고, 반복적으로 처리를 하는 경향이 있는데요. 구체적으로 어떻게 시공할 것인지에 대한 기준을 잡고 기존의 발주 사례들을 참고해서 사업을 발주해 주시면 됩니다. 예를 들어 실내 리모델링공사를 발주하는 경우 시공 목적, 활용 자재, 시공 도면 및 기타 전기, 통신 부대공사 발주 여부 등을 검토해야 할 것입니다. 건물 바닥면을 기준으로 배치도와 단면도를 통해 시공할 목적물의 시공 형태를 표현하고, 도면에 반영되지 않는 기술적 사항은 설계설명서에 반영합니다. 그 후 도면과 설계설명서의 시공을 위한 물량을 계산하고, 그 물량에 조사한 단가 금액을 반영하면 최종적으로 공사원가계산서가 완성됩니다.

가격은 어떻게 조사하나요?

내역서는 공종별 단위물량과 단가의 곱으로 계산합니다. 이때 단가를 조사하는 방법은 단위당 가격 기준에 따라 처리하게 됩니다. 계약 업무에는 다양한 가격개념이 있는데, 공사계약 원가계산 시에는 단위당 가격개념을 꼭 알고 있어야 합니다.

예정가격의 결정방법 우선순위	원가계산 시 단위당 가격의 기준
1. 거래실례가격 2. 원가계산 3. 표준시장단가 4. 유사거래실례가격 또는 　 견적가격	1. 거래실례가격 　1-1. 조달청 가격정보 　1-2. 전문가격조사기관 공표가격 　1-3. 계약 담당자가 2인이상 직접 　　　 조사한 가격 　1-4. 법령에 따른 가격 2. 감정가격, 유사거래실례가격, 　 견적가격

계약 부서에 가면 꼭 있는 두꺼운 책인 물가 정보지는 거래실례가격에 해당합니다. 따라서 해당 책자에 반영된 1단위당 단가는 바로 설계서에 반영할 수 있습니다.

내역서의 구성

내역서는 크게 재료비, 노무비, 경비, 일반관리비 및 이윤, 부가가치세로 구성됩니다. 단위물량을 계산하기 위해선 해당 공종 시공에 들어가는 재료와 재료 시공에 들어가는 품을 계산하게 됩니다. 건설기계를 활용하여 기계경비가 들어가는 경우 경비로 가산하게 되며 기타 법정 경비는 재료비와 노무비의 금액에 따라 법정 요율을 곱해 반영합니다.

공사의 착공

계약을 체결하게 되면 착공 준공 이행절차를 진행합니다. 계약 상대자는 계약문서에 정한 대로 공사를 이행해야 하며 계약서상의 착공일 이전에 착공·공정보고를 해야 합니다. 이때 중점적으로 검토할 사항으로는 현장대리인 선임 자격 보유 적정 여부, 예정공정표 확인, 안전 및 환경관리계획서 제출 여부 등을 확인하여 적정한 경우 착공신고를 승인하게 됩니다.

공사를 포함한 모든 계약에서의 구두지시는 반드시 문서로 보완되어야 유효하므로, 계약 상대자의 의무와 책임이 변동될 수 있는 모든 사항은 반드시 문서로 남기는 것이 바람직합니다. 또한, 공사감독은 지방자치단체 입찰 및 계약 집행기준에서의 업무처리기준과 건설공사 사업관리방식 검토기준 및 업무처리지침(구 감독자 업무지침)에 따라 공사감독을 이행해야 합니다.

공사계약에서 가장 중요한 관리 항목으로 건설근로자의 적정임금 지급이 있습니다. 현재 건설근로자를 보호하는 시책은 행정안전부의 노무비 구분관리제, 국토교통부의 공공발주자 임금직접지급제, 고용노동부의 건설근로자 임금의 직접 지급 및 전자카드제도 등이 있으며 각 부처의 제도 시행 목적이 다소 중첩되는 사항이 있으므로 각 규정을 잘 숙지할 필요가 있습니다. 제도의 공통점은 건설근로자에게 노무비(임금)를 직접 계좌입금 하게 하여 체불을 방지하는 것이며, 발주자의 책임이 아닌 현장체불민원의 경우 고용노동부 진정 및 고소절차, 대지급금제도 등의 활용을 권고할 수 있습니다.

준공 단계

공사가 완료된 경우 계약 상대자는 준공되었음을 통지하고 검사를 받아야 합니다. 준공검사의 법정기한은 14일로, 2020년부터 경제위기 극복을 목적으로, 7일로 단축하여 운영하고 있음을 참고하시기 바랍니다.

◆◆◆

　저는 조용한 사람입니다. 말로써 화를 만들고 싶지 않고, 오해를 사고 싶지 않은 편입니다. 그러다 보니 저는 아무리 잘한 일이 있어도 내색하지 않는 경우가 많았습니다. 지금 생각해 보면 스스로를 포장하는 것이 어색하고, 거부감이 들었던 것 같아요.

　그런 저에게는 지방행정의 달인은 가장 치열하게 일했던 계약 업무에서 이뤘던 것들에 대해 내 얘기를 꺼내놓고 싶은 기회였습니다. 어쩌면 마지막일지도 모르는 김종욱이란 사람을 어필하는 그런 기회였죠. 앞으로도 묵묵히 노력하고 조용히 살아가겠지만, 2023년 지방행정의 달인에 '계약의 달인'으로 신청하고 선정되기까지의 시간은 제 가슴속에 뜨겁게 남아 있습니다.

　제겐 계약 업무는 참 잘 맞는 옷이었습니다. 업무를 담당해 오면서 어려운 과제를 해결하는 순간의 희열, 즐거움은 어떤 업무보다 짜릿했습니다. 그런데 대부분의 다른 사람들은 그렇지 않아 보였어요. 계약 업무는 마치 축구 경기에서의 골키퍼 같아요. 잘한 건 표가 안 나지만 골을 먹히면 모든 책임이 가죠. 계약 업무도 비슷합니다. 높은 업무난이도, 감사책임, 소송문제, 손해배상 등 책임은 큰 데 비해 그만큼의 결과를 인정받기는 어렵습니다. 다시는 계약 업무를 하고 싶어 하지 않는 직원들이 태반이라고 생각이 들 정도였죠.

하지만 오히려 그런 업무이기 때문에 저 같은 사람들이 더 많이 필요하다고 생각합니다. 계약 분야가 기피 업무가 아닌, 인정도 받고 재미도 느낄 수 있는 자리가 될 수 있다는 것을 조금이나마 보여주게 된다면 다른 계약 담당자분들도 조금은 하고 싶은 마음이 생기지 않을까요? 저는 앞으로 공직에 입문할 수많은 후배 공무원에게도 귀감이 되고 싶었습니다.

지금까지 계약 업무를 담당하면서 제가 갖게 된 가장 큰 노하우가 있습니다. "원래부터 당연한 것은 없다"는 것이죠. 지금까지 제정된 어떠한 법령과 규정도 태초부터, 원래부터 정해졌던 것은 없었을 것입니다. 지금까지 쌓여온 사회적 합의와 법규의 제정 과정에 집중하며 규정들을 다시 들춰볼 때, 보다 심도 있는 검토가 가능하게 됩니다.

그리고 가장 수동적인 업무에 속하는 계약 업무이지만 인정받고 성과를 만들어낼 수 있다는 것을 보여줌으로써, 각지의 많은 계약 담당자에게도 자극이 되고 싶습니다. 지금도 각자의 자리에서 묵묵히 노력을 다하는 전국의 공무원들께 작게나마 열정 불꽃의 사례로 남고 싶네요. 모두의 건승을 기원합니다.

5장

채권압류 I

0. 채권압류에 들어가며

제가 압류 문서를 처음 받은 시점은 2013년 8월입니다.

저 또한, 공무원 공부할 때 법 관련 과목을 좋아했고, 제가 맡은 주 업무는 민법으로 따지면 채권 분야였습니다. 법과 관련된 업무에 대해 흥미를 있었던 사람임에도 불구하고, 막상 법원에서 날아온 압류 결정문을 받아보니, 솔직히 앞이 막막했습니다.

다행히도, 상급 기관의 매뉴얼은 존재하였고, 그 매뉴얼을 통하여 해당 분야의 용어를 익히는 것에는 큰 도움이 되었습니다. 하지만, 개별 실무에서 적용할 수 있는 심화한 이론을 적용하기엔 당시 길잡이에서는 솔직히 한계가 존재하였을 뿐만 아니라 타 기관 홈페이지에 올라온 자료를 참고해도 부족했습니다.

결국, 제가 직접 알아보고 공부할 수밖에 없었습니다. 저도 1년간 용어를 익히고, 공부하고 작은 사건들을 처리하면서, 이해하기 어려우시겠지만, 재미가 있더라고요.

실제로, 우리 부서에서 엄청난 사건들이 휘몰아칩니다.

카페에 올라오는 사건들도 다양하지만, 그보다 더 힘든 일들도 겪었으며 그 사례들을 접함으로 이 분야에 호기심을 갖기 시작했습니다. 더 나아가, 네이버 《예산회계실무》 카페를 알게 되면서 댓글을 달다가, 홈 지기님의 스카우트(?)로 스텝을 맡으면서, 많은 공부를 하게 될 기회가 생기고 책까지 쓸 기회도 생겼습니다.

이 책을 사서 보시는 분들은 현재 회계를 처음 다루시는 분들일 겁니다. 제가 실무경험을 해보면서 느낀 점 중 아래의 두 가지는 반드시 기억하시기를 바랍니다.

분야에서 주로 쓰는 용어와 이론 익히기

제가 여러분들에게 말씀드리고 싶은 것은 이 분야에서 주로 쓰는 용어와 이론들을 숙지하여야 합니다. 그런데, 여러분들의 반응과 질문이 나올 것 같습니다.

"용어 익힐 시간이 어디 있어요. 당장 처리할 사건을 어떻게 처리하는지 배우는 게 더 중요한 거 아녜요?"

물론 틀린 말은 아닙니다. 당면한 사건을 처리하는 것도 중요합니다. 그러나 여러분은 비슷한 사건을 다시 접하면 또 질문할 겁니다. 근데, 놀라운 사실은 무엇인지 아십니까? 다시 접한 사건이 이전에 처리했던 사건과 아주 비슷한 경우입니다. 어떨 땐 숫자와 업체명만 다르지, 나머지는 아주 똑같은 사례도 있습니다.

하나의 이론 vs 100개의 실무

여러분들 회계과 또는 사업부에서 2년에서 3년 정도 있고, 특히 회계과 발령 나신 분들이 업무가 다른 부서로 발령 날 때까지 계속 볼 겁니다. 업무의 효율성을 본다면 여러분들은 어떤 것을 선택하겠습니까?

여러분이 회계과에서 조만간 발령 날 사람이고, 다시는 채권을 공부할 필요가 없다고 생각하면, 개별 사건을 다루면서 발령을 기다리면 됩니다. 하지만, "난 발령 난 지 얼마 안 되었고 최소한 2~3년은 있어야 한다." 또는 "내가 회계과 내 전문관으로서 5년을 일할 생각이 있다."라고 생각한다면, 어떤 선택을 하겠습니까?

이 분야는 실무적 경험도 중요하지만, 더 중요한 건 이론과 용어 숙지가 더 먼저입니다. 이건 제가 장담합니다. 제가 말씀드린 대로 하지 않는다면 이 업무를 겪을 때마다 잠을 잘 못 주무실 겁니다.

채권과 관련해서 잘 아는 사람이 있다면 주저 없이 질문할 수 있어서 문제가 없겠지만, 여러분들 옆에 채권 전문가 지인이 계십니까? 대부분 없을 겁니다. 고문 변호사 자문도 한두 번이지, 계속 물어보는 것도 한계가 있습니다. 제가 말씀드린 채권 전문가 지인도 본업이 있어서 바쁜데 자주 물어보는 것도 눈치가 보일 수밖에 없습니다.

그렇다면 여러분들이 이 분야의 용어와 이론을 익히는데 더 빠르지 않겠습니까?

법률 용어도 그냥 외우는 것이 아닙니다.

법률 용어는 그 자체로 접근하면 좌절합니다. 그 법률 용어를 구성하는 단어를 분해해서 그 뜻과 의미를 확인한 다음에 그 용어에 접근하면 그 법률 용어가 익숙한 용어로 변하게 됩니다. 이때부터 이론 공부가 시작됩니다.

나의 지위 파악하기

내가 채권자라고 하면, 채무자의 재산을 조사하여 법률에서 정한 범위 내에서 채권을 최대한 확보해야 하겠지요? 채무자라면 어떠한 방법으로 돈을 값의 방법을 생각하거나, 위법 및 부당한 압류에 대해서는 법원에 항고해야겠지요.

그런데 제3채무자라면요? 제3채무자는 쉽게 말해서 채무자이긴 하지만 제3자입니다. 제3자는 직접적인 당사자가 아니지요? 그러면, 채권자 또는 채무자를 위해서 해야 할 역할(의무)들만 하면 그 외에는 할 의무가 없는 것입니다.

즉, 제3채무자가 해야 할 의무 외에 채권 당사자가 아무리 제3채무자를 어떠한 방식으로 압박하더라도 여유롭게 응할 필요도 없으며, 응하지 않았다고 두려워하거나 떨 이유가 없습니다.

회계과에서 오래 근무하신 주무관님도 이 핵심을 몰라서 채권 당사자에게 휘둘리는 경우를 종종 보았습니다. 여러분들은 이 책을 통하여 업무 처리할 때 채권 당사자에게 흔들리지 않고, 중심을 잡으시길 바랍니다.

이 두 가지 핵심을 기억하신다면, 이 업무가 어려울 일은 많지 않을 것입니다.

참고로, 이번 장에서는 제3채무자의 입장에서만 기술합니다. 나중에 기회가 된다면 채권자의 관점에서 채권을 확보하는 방법에 관해 별도의 책을 써보도록 하겠습니다.

1. 강제집행의 의의와 종류

강제집행이란

법률 용어는 용어를 나누어서 해석할 수 있으면 그 이해도가 올라 갑니다.

· 강제(强制): 외부의 힘으로 자유의사가 박탈되어 원하지 않는 일을 억지로 하거나, 원하는 일을 하지 못하게 되는 상태를 말합니다.

· 집행(執行): 쉽게 말하면 실행한다는 의미입니다.

그러면 강제집행의 뜻이 무엇인지 알아볼까요?

· 강제집행(强制執行): (사법상 또는 행정상) 의무를 이행하지 않는 자에 대하여 권력기관의 힘을 통하여 의무를 이행하도록 하는 것을 말한다.

다음의 그림을 보세요.

<이미지 출처 : 픽사베이>

조련사가 말을 끌고 가고 있습니다. 말은 자기 의사와 상관없이 조련사에게 끌려다닙니다. 즉, 말은 주인에 의해서 강제집행을 당한 것입니다.

강제집행은 집행 주체의 분류에 따라 2가지로 분류됩니다. 행정상 강제집행과 사법상 강제집행이 있습니다.

행정상, 사법상 강제집행의 차이

구분	행정상 강제집행	사법상 강제집행	비고
집행 대상	조세, 공과금 채권 등	민사 채권	
자의/타의	스스로 집행	타인에 의한 집행	타인 (법원)
집행채권자	국가, 지자체, 공단 등	개인 또는 법인 등	
사전절차	고지, 독촉, 체납 절차로 진행	민사소송(지급명령) 등 필수	

2. 채권압류의 정의와 종류

채권압류란

· 채권(債權): 쉽게 말하면 빌려준 내 돈입니다.

· 압류(押留): 함부로 권리행사를 하지 못하게 하는 효력입니다.

이 두 단어를 합쳐볼까요?

· 채권압류(債權押留): 빌려준 내 돈 받은 사람 재산 함부로 권리를 행사하지 못하게 하는 효력입니다.

예를 들면, 내 수중에 18,000원이 있습니다. 저는 일본식 돈가스를 무척이나 사랑합니다. 그런데 돈이 압류당한다면 비록 제 수중에 돈이 있어도 그 돈으로 제가 좋아하는 음식을 사서 먹을 수는 없습니다.

즉, 내가 보유한 재산에 대해 나의 재산임에도 불구하고 내 권한을 행사하지 못하도록 하는 효력이라고 보시면 되겠습니다.

압류의 분류

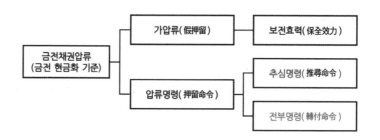

· 가압류(假押留): 맨 앞의 글자는 "거짓 가(假)"자입니다. 즉, 가짜 압류입니다. 쉽게 말해, 압류는 아닌데 압류 같은 역할을 하는 것이라고 보면 되며, 이러한 의미로 보전 효력(보호하는 효력)을 띤다고 생각하면 됩니다.

그렇다면 압류명령은 무엇일까요?

· 압류(押留): 함부로 권리행사를 하지 못하게 하는 효력입니다.
· 명령(命令): 채권자가 돈을 뺏을 수 있도록 하는 법원의 명령입니다.

압류는 앞서 설명하였으므로 명령을 설명합니다. 명령에는 추심명령과 전부명령이 있습니다.

· 추심(推尋): "받아 가다." 또는 "빼앗아 가다"라는 뜻이 있습니다.
· 전부(全部): "전부 이전한다"는 뜻이 있습니다.

즉, 쉽게 말하면 채권자가 채무자의 재산을 함부로 건드리지 못하게 한 후 채권자가 직접 채무자의 재산을 빼앗는 것을 말합니다.

그런데 중요한 것은 압류랑 명령은 따로 생각할 수 없고, 반드시 같이 있어야 합니다.

참고로 사전적 정의에서는 같은 의미나 다르게 기술되어 있기에, 여러분들의 이해를 빠르게 돕기 위해서 적은 점을 고려해 주세요.

3. 결정문 보는 법

체크리스트

압류결정문을 받으면 떨리고, 어떻게 해야 하는지 겁부터 나시죠? 자, 긴장의 끈은 최소한도로 둡니다. 그래야 객관적으로 볼 수 있습니다. 여러분들보다 압류결정문을 많이 받아본 저의 경험에 비추어 저의 노하우가 아닌 비법을 알려드립니다.

〈체크리스트〉

1. 결정문 앞표지를 봐서 당사자가 누구인지 확인을 합니다.(그중에서도 채무자와 제3채무자를 확인합니다.)

2. 제3채무자 표시가 제대로 되어 있는가?

3. 압류 채권의 종류가 정확하게 기재되어 있는가?

4. 제3채무자의 청구 금액이 명확하게 표시되었는가? 결정문 앞의

금액과 뒤의 금액 합계가 맞느냐, 제3채무자가 여러 명으로 지정되었을 때 제3채무자 별로 청구 금액이 기재되어 있는지 확인합니다.

5. 압류 채권의 표시가 제대로 되었는가? 아니면 압류 채권의 범위를 광범위하게 정하였는가? (이 부분은 이전 시간에 언급했으니 패스!)

저는 저 체크리스트 중 확실히 결함이 있어 효력의 문제가 있는 결정문의 경우 제3채무자 진술의 표시로서 접수도 하지 않고, 가차 없이 반송하였습니다. 만약, 그것이 무섭다고 하시면, 접수는 하시되 반드시 제3채무자 진술서라도 보내서 항변(주장)하시길 바랍니다.

당사자의 자격

당사자란, 관련자를 의미합니다. 즉, 해당 주제에 대해서 관련 있는 사람입니다.

채권을 압류할 때는 기본적으로 당사자는 법원 빼고 채권자, 채무자, 제3채무자(경우에 따라 없을 수도 있음.)가 디폴트입니다.

○ 당사자 현황(일반채권)

가. 채권자: 채무자에게 돈을 못 받은 사람

나. 채무자: 돈 빌려놓고 안 갚은 사람

다. 제3채무자: 채무자에게 줘야 할 돈이 있는 사람

○ 조세, 공과금 등 채권자: 국가, 지방자치단체, 공단 등

(특징, 자기가 스스로 압류함.)

우리의 지위가 어디에 있느냐가 문제인데 여기서는 제3채무자의 지위에서만 이야기하겠습니다. 그렇다면 채권자가 누구인지 궁금할 필요가 없습니다. 채권자는 패스~.

채무자는 공사, 물품, 용역 도급업체일 수도 있고, 회사 직원일 수도 있습니다. 즉, 관련자가 맞는지만 확인하면 됩니다. ~~

제가 강조하고 싶은 부분은 "제3채무자가 누구냐"입니다.

우리는 국가 또는 공공기관에서 일하는 사람입니다. 제3채무자 표시가 제대로 되어 있는지 확인하여야 합니다.

국가 또는 공공기관은 자연인보다 법인에 가깝습니다. 법인은 기본적으로 "소송무능력자"입니다. 소송무능력자의 뜻을 살펴보겠습니다.

소송무능력자는 소송/(없을)무/능력자, 즉 소송할 수 없는 자입니다. 소송무능력자는 소송할 수 없으므로, 소송할 수 있는 대리인을 지정하여 소송(비소송사건 포함)을 수행하면 됩니다.

개인 또는 개인사업자는 여기서 설명 생략합니다.(상식적으로 누가 하는지 알겠죠?)

법인은 대표이사가 소송의 법률상 대리인이 됩니다.(민사소송법 제64조)

국가는 특별한 법률에 따라 법무부 장관에게 소송 대표자의 역할을 부여합니다.(국가를 당사자로 하는 소송에 관한 법률 제2조)

지방자치단체는 법인입니다.(지방자치법 제3조) 지방자치단체장은 지방자치단체를 대표하고 지방자치단체의 사무를 총괄합니다.(지방자치법 제114조) 앞서, 민사소송법 제64조에서 법인의 대표이사가 소송의 법률상 대리인이 된다고 했죠?

지방자치단체는 법인이므로, 대표이사는 지방자치단체장이라고 볼 수 있으므로 소송 또한 지방자치단체장이 소송 대표자가 됨을 알 수 있습니다.

여담으로, 자치단체 중 교육자치단체의 경우 교육감이 법률에서 소송 대표자 역할을 부여하였습니다.(지방교육자치에 관한 법률 제18조)

국가 또는 지방자치단체의 소송에서의 대리인을 법률상 대표자라고 합니다.

송달은 국가는 국가를 당사자로 하는 소송에 관한 법률 제9조에서 법무부가 아닌 검찰청에 이송하며, 지방자치단체는 민사소송법 제179조 및 제183조에 의하면 지방자치단체의 본청 사무실에 보내야 합니다.

아래와 같이 요약해 봅니다.

1. 국가기관(국가를 당사자로 하는 소송에 관한 법률)

　가. 당사자의 표시 : 대한민국

　나. 법률상 대표자 : 법무부장관

　다. 송달 : 국가소송법상 정한 관할 검찰청

2. 지방자치단체(지방자치법 또는 지방교육자치에 관한 법률)

　가. 당사자의 표시 : 광역단체(시/도) 또는 기초단체(시/군/구)

　나. 법률상 대표자 : 광역단체(시/도지사), 기초단체(시/군/구청장)

　다. 송달 : 각 지방자치단체 본청 주소

3. (지방)공기업 또는 (지방)출자/출연기관 : 이 부분은 설명하자면 복잡하고 길어질 부분이 있어 추후 중급 편에서 다루겠습니다.

자, 그러면 생각해 봅시다. 지방자치단체의 채무에 대해 국가기관에 압류를 건다면 어떨까요? 국가기관의 채무에 대해 지방자치단체(시/도 또는 시/군/구)에 건다면 어떨까요? 시/군/구 채무에 대해 시/도에 압류를 건다면 어떨까요?

"모두 다 무효입니다!" 왜 그런지를 쉽게 설명해 보겠습니다.

이는 "A에 보내야 할 서류를 B에 보낸 꼴입니다."

즉, 중요한 서류인 압류결정문을 당사자가 아닌 제3자에게 보낸 꼴이며, A는 압류결정 사실도 모른 채 채무자에게 돈을 지급했다 하더라도 A는 "네가 나에게 압류결정문을 보낸 사실이 없지 않으냐?"라고 채권자에게 항변한다면 채권자는 입이 천 개라 하더라도 할 말이 없을 것입니다.

어디라고 밝힐 수는 없으나, 무효판례까지 나왔는데도 제3채무자 지정 잘못했음에도 이송하는 사례 아직도 많이 있다는 거 알고 있습니다. 이 책을 보신 분들은 잘못된 결정문을 당당하게 반송하고, 제3채무자 진술서 보내고 업무 경감을 하시길 바랍니다.

채권의 표시

압류 채권의 표시? 용어부터가 익숙하지 않으실 겁니다. 쉽게 풀어보겠습니다. "뺏어야 할 채권이 무엇이냐?" 이 뜻입니다.

생각해 봅시다. 채권자가 뺏어야 할 채권을 광범위하게 설정한다면, 채무자는 별론으로 하더라도 제3채무자는 광범위한 압류 효력으로 인하여 돈의 이중 지급의 위험을 당할 우려가 있으므로, 법원에서는 이를 인정하지 않습니다.

그렇다면, 압류 채권의 표시가 유효한지 안 유효한지 명확하게 판단하는 기준은 무엇일까요? 저도 사실 이 부분에 대해서 혼선이 많았으며, 실무를 하면서 이게 가장 큰 고민이었습니다. 정확하게 말하자면, 저도 모르겠습니다. 다만, 제가 이제껏 법원 결정문을 보면서, 대법원 판례 언급한 압류 채권의 특정 범위 취지를 고민하면서 "최소한 이 정도의 선을 지켜야 한다."라고 생각하며 리스트를 만들어 보았습니다.(관련: 대법원 2012.11.15. 선고 2011다38394 판결)

1. 압류할 채권이 무엇인가? 금전, 주식, 부동산 등등을 명확하게 표시하였는가?(실제 사례로, 앞 결정문에는 주식이라 해놓고, 뒤표지는 채권으로 표시하는 예도 간혹 있음)

2. 압류 금액을 명확하게 기재 하여야 합니다.(앞 결정문 금액과 뒤의 결정문 금액이 다른 경우도 아주 종종 있습니다.)

3. 제3채무자 기준으로 계약 상대자가 여러 개의 도급계약을 받았

는데, 특정 도급계약을 언급하지 않거나, 같은 종류의 계약인데 소속 기관을 명시하지 않는 경우.(이 경우 계약 상대자가 받은 도급 금액 총액과 압류 금액을 비교하여 압류가 크다면, 압류의 효력을 인정합니다. 만약, 반대의 경우라면 효력이 없다고 봅니다. 단, 그렇다고 하더라도 실무적으로는 제3채무자 진술서를 제출합니다.)

4. 제3채무자 간 청구 금액이 명확하게 구분되어 있는가?(간혹 이런 경우가 있는데, 이 경우는 결정문 자체가 무효입니다.)

압류채권의 표시는 보통 이렇게 옵니다. 문구는 분명히 조금씩 다르게 옵니다. 다만, 아래의 예시를 보고 이렇게 오는구나! 정도로 이해하면 됩니다.

청구금액 : 20,000,000원

채무자가 제3채무자로부터 매월 수령하는 급료(본봉, 각종 수당, 성과성 여금 등에서 제세공과금을 제외한 금액)의 1/2중 위 청구금액에 이를 때까지의 금액(다만 국민기초생활 보장법에 의한 최저생계비를 감안하여 민사집행법 시행령이 정한 금액에 해당하는 경우에는 이를 제외한 나머지의 금액, 표준적인 가구의 생계비를 감안하여 민사집행법 시행령이 정한 금액에 해당하는 경우에는 이를 제외한 나머지 금액) 및 위 청구금액에 달하지 아니한 사이에 퇴직한 때에는 퇴직위로금, 명예퇴직수당에서 제세공과금을 공제한 잔액의 1/2중 위 청구금액에 이를 때까지의 금액

채무자 : 성춘향(800504-2124978)
대구광역시 ○○구 ○○로 230번길 20, 105동 1003호

· 도급계약(공사)

청구금액 : 20,000,000원

채무자가 제3채무자의 『공사명 : (가칭) OO중학교 교사 신축공사』를 하고 제3채무자로부터 지급받을 공사대금 중 위 청구금액에 이를 때까지의 금원
단, 건설산업기본법 제88조 및 같은 법 시행령 제84조에 의하여 건설업자가 도급받은 건설공사의 도급금액 중 그 공사(하도급 공사도 포함한다)의 근로자에게 지급해야 할 임금에 상당하는 금액은 이를 제외한다.

· 도급계약(물품)

청구금액 : 25,000,000원

채무자 주식회사 OOOO가 제3채무자 경상남도(OO초등학교 외 2교)에게 급식물품을 납품해 주고 지급받을 납품대금 중 위 청구금액에 이를 때까지의 금원
 1. OO초등학교 : 10,000,000원
 2. OO초등학교 : 10,000,000원
 3. OO중학교 : 5,000,000원

실제 사례

결정문 보는 법의 실제 노하우를 소개합니다.

다음 쪽(256쪽~260쪽)을 보면 체크박스에 표시된 부분을 중점적으

로 봅니다. 처음에는 몰라서 꼼꼼히 다 봤는데, 노하우가 생기면서 박스 친 부분을 중점적으로 봅니다. 다른 부분은 여유가 될 때 보긴 하지만, 거의 여유가 없긴 합니다.

　우리가 시험 볼 때 핵심 문구만 짚고 넘어가듯이 이 부분은 꼼꼼하게 봐야 하지만, 눈에 힘을 줘가면서 한 글자 오타까지 잡아낼 정도까진 아닙니다. 그렇다고, 나머지 부분을 놓치느냐 그것도 아닙니다. 거의 핵심적인 내용은 다 들어갑니다.

　결정문 보는 순서는 아래와 같습니다.

〈결정문 보는 순서〉

· 법원명 확인
· 사건 부호 확인(이것으로 사건 접수 연도, 사건 종류 추론)
· 당사자 확인(채무자, 제3채무자 정확한 표시 기재 여부)
· 주문 내용 하자 여부 확인
· 청구 금액 확인
· (심화) 청구채권의 내용까지 확인(우선변제권 존재 여부 확인)

자, 그러면 결정문 보는 법을 같이 확인해 볼까요?

　결정문 첫 번째 페이지만 설명을 표시하였고, 나머지는 박스만 표시했습니다. 읽어보면서, 왜 박스를 쳐놨을까 생각해 보면 좋을 듯합니다.

<가압류 결정문(예시)>

○○지방법원 ◇◇지원   1. 법원명 확인

결   정

사 건   2024카단1234 채권가압류   2. 사건번호 및 부호로 사건종류 파악

채 권 자   주식회사 길동상사
        경기도 수원시 장안구 조원로 123, 205호 (조원동, 길동빌딩)
        대표이사 홍길동

채 무 자   주식회사 춘향나라
        경기도 수원시 팔달구 창룡대로 123번길 12, 303호(우만동, 춘향빌딩)
        대표이사 성춘향

제3채무자   경기도
        경기도 수원시 영통구 도청로 28(이의동, 경기도교육청)
        교육 및 학예에 관한 법률상 대표자 교육감 ○○○
        (소관기관: ○○초등학교)

주   문
3. 채무자 및 제3채무자 확인
4. 주문내용 하자 확인

채무자의 제3채무자에 대한 별지 기재 채권을 가압류한다.

제3채무자는 채무자에게 위 채권에 관한 지급을 하여서는 아니 된다.

채무자는 다음 청구액을 공탁하고 집행정지 또는 그 취소를 신청할 수 있다.

청구채권의 내용 부당이득 반환청구권   5. 청구금액 확인

청구금액   금 200,000,000원   6. (심화) 청구채권의 내용 확인

이   유

이 사건 채권가압류 신청은 이유 있으므로 담보로 공탁보증보험증권(○○○○보험주식회사 증권번호 제1
00 - 000 2024(호))을 제출받고 주문과 같이 결정한다.

2024. 3. 12.

판 사 이 몽 룡

※ 1. 이 가압류 결정은 채권자가 제출한 소명자료를 기초로 판단한 것입니다.
  2. 채무자는 이 결정에 불복이 있을 경우 가압류 이의나 취소신청을 이 법원에 제기할 수 있습니다.

<채권압류 및 추심명령 결정문(예시)>

○○지방법원 ◇◇지원

정 본 입 니 다.
2024. 2. 25.
법원주사보 이몽룡

결 정

사 건 2024타채1234 채권압류 및 추심명령

채 권 자 주식회사 길동상사
경기도 수원시 장안구 조원로 123, 205호(조원동, 길동빌딩)
대표이사 홍길동

채 무 자 주식회사 춘향나라
경기도 수원시 팔달구 창룡대로 123번길 12, 303호(우만동, 춘향빌딩)
대표이사 성춘향

제3채무자 경기도
경기도 수원시 영통구 도청로 30(이의동, 경기도청)
법률상 대표자 도지사 ○○○
(소관기관: 경기도건설본부)

주 문

1. 채무자의 제3채무자에 대한 별지 기재 채권을 압류한다.
2. 제3채무자는 채무자에게 위 채권에 관한 지급을 하여서는 아니 된다.
3. 채무자는 위 채권의 처분과 영수를 하여서는 아니 된다.
4. 위 압류된 채권은 채권자가 추심할 수 있다.

청 구 금 액

청구금액 금 80,000,000원

이 유

채권자가 위 청구채권을 변제받기 위하여 ○○지방법원 ◇◇지원 2023가단1234 양수금 청구의 소 사건의 집행력 있는 결정정본에 기초하여 한 이 사건 신청은 이유가 있으므로 주문과 같이 결정한다.

2024. 2. 24.

사법보좌관 이 몽 룡

주의 : 1. 채권자가 채권을 추심한 때에는 집행법원에 서면으로 추심신고를 하여야 합니다. 추심신고를 할 때까지 다른 채권자의 압류, 가압류 또는 배당요구가 없으면 추심신고에 의하여 추심한 채권 전액이 추심채권자에게 확정적으로 귀속됩니다. 그러나 추심신고 전까지 다른 채권자로부터 압류, 가압류 또는 배당요구가 있으면 이미 추심한 금액을 공탁하고 다른 채권자들과 채권금액의 비율에 따라 안분하여 배당을 받도록 규정되어 있음을 유의하시기 바랍니다.
2. 추심신고서에는 사건번호, 채권자·채무자 및 제3채무자의 표시, 제3채무자로부터 지급받은 금액과 날짜를 적기바랍니다.
3. 이 결정에 불복하는 사람은 송달받은 날부터 1주 이내에 이 법원에 항고장을 제출하여야 합니다.
민사집행법 제15조, 제229조, 제236조, 제247조 제1항 제2호

〈채권압류 및 전부명령 결정문(예시)〉

정 본 입 니 다.
2024. 2. 25.
법원주사보 이몽룡

○○지방법원 ◇◇지원

결 정

사   건   2022타채1234 채권압류 및 전부명령

채 권 자   주식회사 길동상사
경기도 수원시 장안구 조원로 123, 205호(조원동, 길동빌딩)
대표이사 홍길동

채 무 자   주식회사 춘향나라
경기도 수원시 팔달구 창룡대로 123번길 12, 303호(우만동, 춘향빌딩)
대표이사 성춘향

제 3 채 무 자   대한민국
서울특별시 서초구 반포대로 158(서초동, 서울중앙지방검찰청)
법률상 대표자 법무부장관 ○○○
(소관기관: 서울지방조달청장)

주   문

1. 채무자의 제3채무자에 대한 별지 기재 채권을 압류한다.
2. 제3채무자는 채무자에게 위 채권에 관한 지급을 하여서는 아니 된다.
3. 채무자는 위 채권의 처분과 영수를 하여서는 아니 된다.
4. 위 압류된 채권은 지급에 갈음하여 채권자에게 전부한다.

청 구 금 액

청구금액 금 80,000,000원

이   유

채권자가 위 청구채권을 변제받기 위하여 ○○지방법원 ◇◇지원 2023가단1234 양수금 청구의 소 사건의 집행력 있는 결정정본에 기초하여 한 이 사건 신청은 이유가 있으므로 주문과 같이 결정한다.

2024. 2. 24.

사법보좌관 이 몽 룡

주의 : 1. 전부명령이 제3채무자에게 송달될 때까지 다른 채권자가 압류, 가압류 또는 배당요구를 한 때에는 전부명령은 효력이 없습니다.
　　　　2. 전부명령은 확정되어야 효력이 있습니다.
　　　　3. 이 결정에 불복하는 사람은 송달받은 날부터 1주 이내에 이 법원에 항고장을 제출하여야 합니다.
　　　　민사집행법 제15조, 제223조, 제227조, 제229조

〈가압류를 본압류로 이전하는 채권압류 및 추심명령 결정문(예시)〉

정 본 입 니 다.
2024. 2. 25.
법원주사보 이몽룡

○○지방법원 ◇◇지원
결 정

사　　건	2024타채1234 가압류를 본압류로 이전하는 채권압류 및 추심명령
채 권 자	주식회사 길동상사 경기도 수원시 장안구 조원로 123, 205호(조원동, 길동빌딩) 대표이사 홍길동
채 무 자	주식회사 춘향나라 경기도 수원시 팔달구 창룡대로 123번길 12, 303호(우만동, 춘향빌딩) 대표이사 성춘향
제3채무자	서울대학교 서울특별시 관악구 관악로 1(이의동, 서울대학교) 법률상 대표자 총장 ○○○ (소관기관: 재무과)

주 문

1. 채권자와 채무자 간 ○○지방법원 ◇◇지원 2023카단1234 채권가압류 결정에 의한 별지 목록기재 채권에 대한 가압류 금 20,000,000원 가운데 금 20,000,000에 대한 가압류는 이를 본압류로 이전한다.
2. 채무자와 제3채무자 간 별지목록 기재 채권 중 금 60,000,000원은 압류한다.
3. 제3채무자는 채무자에게 위 채권에 관한 지급을 하여서는 아니 된다.
4. 채무자는 위 채권의 처분과 영수를 하여서는 아니 된다.
5. 위 압류된 채권은 채권자가 추심할 수 있다.

청구금액

청구금액　금 80,000,000원

이 유

채권자가 위 청구채권을 변제받기 위하여 ○○지방법원 ◇◇지원 2023가단1234 양수금 청구의 소 사건의 집행력 있는 결정정본에 기초하여 한 이 사건 신청은 이유가 있으므로 주문과 같이 결정한다.

2024. 2. 24.

사법보좌관　이 몽 룡

주의 : 1. 채권자가 채권을 추심한 때에는 집행법원에 서면으로 추심신고를 하여야 합니다. 추심신고를 할 때까지 다른 채권자의 압류, 가압류 또는 배당요구가 없으면 추심신고에 의하여 추심한 채권 전액이 추심채권자에게 확정적으로 귀속됩니다. 그러나 추심신고 전까지 다른 채권자로부터 압류, 가압류 또는 배당요구가 있으면 이미 추심한 금액을 공탁하고 다른 채권자들과 채권금액의 비율에 따라 안분하여 배당을 받도록 규정되어 있음을 유의하시기 바랍니다.
2. 추심신고서에는 사건번호, 채권자·채무자 및 제3채무자의 표시, 제3채무자로부터 지급받은 금액과 날짜를 적기바랍니다.
3. 이 결정에 불복하는 사람은 송달받은 날부터 1주 이내에 이 법원에 항고장을 제출하여야 합니다.
　　민사집행법 제15조, 제229조, 제236조, 제247조 제1항 제2호

〈가압류를 본압류로 이전하는 채권압류 및 전부명령 결정문(예시)〉

정 본 입 니 다.
2024. 2. 25.
법원주사보 이몽룡

○○지방법원 ◇◇지원
결 정

사 건 2024타채1234 가압류를 본압류로 이전하는 채권압류 및 전부명령

채 권 자 주식회사 길동상사
경기도 수원시 장안구 조원로 123, 205호(조원동, 길동빌딩)
대표이사 홍길동

채 무 자 주식회사 춘향나라
경기도 수원시 팔달구 창룡대로 123번길 12, 303호(우만동, 춘향빌딩)
대표이사 성춘향

제3채무자 경기도
경기도 수원시 영통구 도청로 28(이의동, 경기도교육청)
교육 및 학예에 관한 법률상 대표자 교육감 ○○○
(소관기관 : ○○초등학교)

주 문

1. 채권자와 채무자 간 ○○지방법원 ◇◇지원 2023카단1234 채권가압류 결정에 의한 별지 목록기재 채권에 대한 가압류 금 20,000,000원 가운데 금 20,000,000원에 대한 가압류는 이를 본압류로 이전한다.
2. 채무자와 제3채무자 간 별지목록 기재 채권 중 금 60,000,000원은 압류한다.
3. 제3채무자는 채무자에게 위 채권에 관한 지급을 하여서는 아니 된다.
4. 채무자는 위 채권의 처분과 영수를 하여서는 아니 된다.
5. 위 압류된 채권은 지급에 갈음하여 채권자에게 전부한다.

청구금액

청구금액 금 80,000,000원

이 유

채권자가 위 청구채권을 변제받기 위하여 ○○지방법원 ◇◇지원 2023가단1234 양수금 청구의 소 사건의 집행력 있는 결정정본에 기초하여 한 이 사건 신청은 이유가 있으므로 주문과 같이 결정한다.

2024. 2. 24.

사법보좌관 이 몽 룡

주의 : 1. 전부명령이 제3채무자에게 송달될 때까지 다른 채권자가 압류, 가압류 또는 배당요구를 한 때에는 전부명령은 효력이 없습니다.
　　　 2. 전부명령은 확정되어야 효력이 있습니다.
　　　 3. 이 결정에 불복하는 사람은 송달받은 날부터 1주 이내에 이 법원에 항고장을 제출하여야 합니다.
　　　 민사집행법 제15조, 제223조, 제227조, 제229조

4. 압류금지채권

압류금지채권이란

앞서 설명했듯이, 법률 용어는 그 용어 자체로 접근하는 것이 아닌 그 용어의 뜻이 무엇인지 글자를 분해해 봐야 그 뜻을 쉽게 이해할 수 있다고 말씀드렸죠?

그렇다면, 여러분들은 압류금지채권이라는 글자를 어떻게 나눌 수 있을까요??

저는 이렇게 나누어봅니다. "압류, 금지, 채권" 각 단어를 아래와 같이 풀어보았습니다.(참고로. 내가 채권을 어느 정도 이해했다는 사람 아니면 지금은 백과사전, 법률용어사전 등 각종 사전 찾아보기 금지!)

· 압류(押留, seizure) : 함부로 권리행사를 하지 못하게 하는 효력
· 금지(禁止, prohibition) : 말뜻 그대로입니다. 하지마.(No!)
· 채권(債券, bond) : 채권은 여러 가지가 있습니다. 여긴 기초반이잖아요? 그냥 깔끔하게 생각해서 받아야 할 권리(Money!)입니다.

이제 이 단어들을 종합해 보겠습니다.

압류금지채권은 쉽게 풀면 압류가 금지되는 채권입니다. 즉, 채권자가 아무리 압류해도 법률에 따라 그 채권은 압류할 수 없는 채권이라고 생각하면 되겠습니다.

압류금지채권은 반드시 존재해야 하고, 법률의 근거가 있어야 합니다. 그 이유는 아래와 같습니다. 압류금지채권은 인간이 살면서 필요한 생계비용을 보장하기 위한 제도입니다. 이 제도가 없다면, 당연히 빚에 허덕이는 사람들은 의식주가 해결되지 않아, 삶을 영위할 수 없게 됩니다. 압류금지채권이 법률에 근거하여야 하는 이유는 여러 가지가 있지만, 제 사건은 강제 집행할 때 압류금지 채권의 범위를 명확하게 하여 채무자의 최저생계비용을 확보하기 위함이 가장 크다고 생각합니다.

도급계약

도급계약과 관련해서 압류금지채권은 현행 법령상 공사에서만 압류금지채권에 대해서 규정하고 있으며, 아래의 표로 정리해 보았습니다.(매우 중요!)

공사 종류	근거법	압류금지 범위	계약서 명시여부	비고
건설공사	건설산업기본법 제88조	산출내역서에 적힌 노무비 합산금액(직,간노)	○	

문화재수리 공사	문화재수리법 제50조	산출내역서에 적힌 노무비 합산금액(직,간노)	○	
전기공사	전기공사업법 제34조	설계서에 기재된 노무비 합산금액(직,간노)	×	
통신공사	정보통신공사업법 제71조의2	설계서에 기재된 노무비 합산금액(직,간노)	×	
소방공사	소방시설공사업법 제21조의2	설계서에 기재된 노무비 합산금액(직,간노)	×	
물품 및 용역	없음	–	–	

이렇게 보면 뜬구름 잡는 것 같아서 이해하기 쉽게 아래의 표 그림을 보여드릴게요.

공 사 원 가 계 산 서

전기, 통신, 소방공사의 경우 발주 시 노무비와 착공 시 노무비를 일치시켜야 합니다. 만약 일치하지 않는다면 계약서에 명시하여야 합니다.(향후 분쟁의 대상이 될 여지가 있음.)

위의 표와 같이 순공사원가에서 노무비가 보입니다. 거기 세부 항목에 직접노무비와 간접노무비 있는데, 그것을 합산한 금액이 21,075,208원입니다. 바로 그것이 압류금지 노무비입니다.

압류금지 노무비를 계약서에 명시하라는 의미는 나라장터 G2B에 "압류금지 노무비가 21,075,208원이다"라고 명시하거나, 산출내역서가 계약서의 일부임을 계약서 본문에 써주고, 나라장터 계약서에 산출내역서를 첨부하면 됩니다.

제가 설명한 대로 저렇게 압류금지 노무비를 계약서에 명시하거나, 계약서에 산출내역서를 첨부하고, 산출내역서가 계약서의 일부임을 계약서 본문에 써준다면, 채권자가 우리나라에서 잘나가는 정치인, 재벌가, 대형 로펌에 유명한 변호사라고 해도 겁먹을 이유가 없으며, 그분들이 "이 도급계약서에는 압류금지 노무비 효력은 없어! 내가 누군데? 감히!"라고 주장하실 리는 없으시겠지만 설령 0.01%라도 혹여나 주장한다고 하더라도 말씀드린 데로만 하셨다면, 압류금지 노무비는 절대로 효력이 없어질 일이 없습니다.

조달청 계약서 본문 표준(안)입니다.

위 공사계약을 체결함에 있어 계약자와 연대보증인은 각각 다음의 사항을 확약하며 계약의 증거로 이 계약서를 작성한다.

계약자는 입찰 시 공시한 공사입찰유의서, 공사입찰특별유의서, 청렴계약입찰특별유의서, 설계서 및 현장설명 사항과 공사계약일반조건, 공사계약특수조건, 청렴계약특수조건, 공동수급협정서, 산출내역서(하도급 사항 포함) 및 붙임 전자계약 확약사항이 이 계약의 일부분임을 확인하며 신의에 따라 성실하게 계약상의 의무를 이행한다.

제가 작성한 계약서 본문(안)입니다.

1. 계약당사자는 계약서에 전자로 첨부된 공사계약 특수조건, 산출 내역서. 전자계약 확약 사항, 각서 및 서약서는 이 계약의 일부분임을 확인하며, 신의성실의 원칙에 따라 성실하게 계약상의 의무를 이행한다.

2. 더 나아가, 계약당사자는 행정안전부에서 예규로 정한 지방자치단체 입찰 및 계약 집행기준 규정을 계약서의 일부분임을 확인하며, 신의성실의 원칙에 따라 성실하게 계약상의 의무를 이행한다.

3. 건설산업기본법 제88조 및 같은 법 시행령 제84조에 따른 압류금지 노무비는 54,904,077원이며, 추후 설계변경 등에 따른 압류금지 노무비 금액 증감조정 시 발주자와 계약 상대자는 계약서에 첨부된 산출내역서상 노무비(직노+간노)금액이며, 그 금액을 계약서에 명시하여야 한다.

4. 계약 상대자가 계약서 초안에 수용하는 경우 각서 및 서약서 내용에 승낙한 것으로 본다.

급여

급여 쪽에서는 어떤 것들이 있을까요? 각 개별법령에서도 많이 정하고 있는 것이 있으나, 대표적인 법률만 살펴보겠습니다. 대표적인 근거 법률은 민사집행법 제246조입니다.

법령 조문을 그대로 발췌해 오면 어려워하실 거 같아서 법은 각자 찾아보기로 하고, 법에는 8가지 정도 있습니다. 그러나 실무적으로 쓰일만한 압류금지채권 3가지만 알아보겠습니다.

1. 병사의 급료(사회복무요원 포함)(제3호)
2. 급료, 연금, 봉급, 상여금, 퇴직연금 이와 비슷한 성질을 가진 급여채권의 1/2(제4호)
3. 퇴직금 그밖에 이와 비슷한 성질을 가진 급여채권의 1/2(제5호)

이 정도 있다고만 아시면 될 것 같고, 급여 압류금지 계산법은 아래와 같습니다.

1. 병사(사회복무요원)의 급료 : 무조건 전액 압류금지!
2. 급료, 연금, 봉급, 상여금, 퇴직연금 이와 비슷한 성질을 가진 급여채권의 1/2(제4호)
  가. 185만 원 이하 : 전액
  나. 185만 원 초과 370만 원 이하 : 185만 원을 제외한 차액
  다. 370만 원 초과 600만 원 이하 : 급여의 1/2

라. 600만 원 초과 : 300만 원+(급여/2-300만 원)/2=급여/4+150만 원

3. 퇴직금 : 금액에 상관없이 1/2

여기서 위 2번의 압류금지 채권 계산 시 기준 금액은 아래와 같이 산정합니다.

압류금지채권 기준액 : 매월 귀속 공제 전 급여 - 조세(소득세, 지방소득세) - 공과금(4대 보험)

여기서 3번에 해당하는 명예퇴직 수당을 월급과 합산하여 계산하면 안 됩니다. 압류금지채권 기준액은 이 부분에 대해서 별도 법령은 없으며, 통설로 적용됩니다.

물론, 다른 부분에서 논리적 이유가 있으나 그것까지 설명하려면 어려울 수가 있어서 이 정도로만 언급하고, 참고로, 600만 원 초과 압류금지 채권 계산법은 꽤 복잡하므로 그냥 외우기를 권합니다.

그 원리를 알고 싶은 분들도 계시겠지만 복잡한 계산의 수학의 길(?)로 들어서야 하므로 참고만 하시기를 바랍니다.

다음은 2023년 1월 실제 제 급여입니다.

급여내역		세금내역		공제내역	
본봉	3,174,400	소득세	186,930	일반기여금	400,830
정근수당	1,587,200	지방소득세	18,690	건강보험	152,590

정근수당가산금	60,000			장기요양보험		19,540
정액급식비	140,000			교직원공제회비		30,000
직급보조비	185,000			기타공제		20,000
명절휴가비	1,904,640					
시간외수당 (초과)	89,040					
학교운영수당	30,000					
급여총액	7,170,280	세금총액	205,620	공제총액		622,960
실수령액		6,341,700				

제가 집을 사기 위해 은행에 대출 5억을 빌렸지만 못 갚아서 급여를 압류당했다고 가정하겠습니다. 여기서 압류금지 급여 산정 기준액을 알려드리겠습니다.

앞서 말씀드린 계산식 "매월 귀속 공제 전 급여 - 조세(소득세, 지방소득세) - 공과금(4대 보험)" 적용해 보겠습니다.

매월 귀속 공제 전 금액 : 급여총액인 7,170,280원

조세(소득세, 지방소득세) : 세금총액인 205,620원

공과금(4대 보험): 일반기여금, 건강보험료, 노인장기요양보험요 합한 금액 572,960원

그렇다면 압류금지 급여 산정 기준액은 얼마가 될까요?

6,391,700원이 되는 겁니다. 그러면 민사집행법에서 정한 압류금

지 월 급여 기준구간이 600만 원 이상에 해당합니다. 계산해 보면 다음의 결과가 나옵니다.

압류금지채권은 3,097,925원(급여/4+150만 원)입니다. 공제할 채권은 3,293,775원(급여×3/4-150만 원) 입니다. 여기서 저 월급명세서에서 일부 수당은 다른 날 지급된다고 가정하더라도 계산법이 달라지지 않습니다.

여기서 끝나지 않고, 명예퇴직 생각(?)이 없는 저를 잠시 명예퇴직 시키겠습니다.(p.s. 아니 월급 압류도 시키고 강퇴를 시키네. 작가 양반 당장 나와!)

제 명예퇴직수당은 324,090,720원(소득 공제 후 지급예정액)이라고 가정하고, 앞서 은행 압류 금액이 5억이라고 했죠? 압류금지채권은 162,045,360원이 됩니다. 만약, 명예퇴직수당 지급되는 월에 월 급여가 지급되었다면, 월 급여액과 명예퇴직 수당 지급 월이 같다고 하여 같이 계산하는 것이 아니라, 별도로 계산하는 것입니다.

어때요? 그냥 압류금지채권이라는 용어로 접근하는 것보다, 제가 이렇게 풀어서 설명해 드린 것과 어느 것이 접근하기가 쉽나요.? 말하지 않아도 알 것입니다.

5. 채권압류를 마무리하며

이 책을 마지막까지 읽으시느라 고생하셨습니다.

저희 다섯 명의 저자가 쉽게 쓴다고 노력했음에도, 다가가기 쉽지 않은 분야여서 힘들었을 것입니다. 여러분이 이 책을 끝까지 읽었다는 것만으로도 대단하고 공공분야 계약 분야에 잠재력이 있다고 말씀드리고 싶습니다.

이 책을 읽거나 참고하신 분들은 대부분 회계과 계약팀 또는 기관 서무로 발령받아 좀 더 원활한 계약 진행에 힘쓰고자 하기 위함일 것입니다.

여러분께, 이렇게 말씀드리고 싶습니다.

"채권을 배우기 전에 먼저 계약을 잘하셔야 합니다."

"아니, 채권을 서술한 저자가 왜? 저런 말을 하지?"라고 생각하실 겁니다.

"그런데요. 계약을 아무리 잘해도 채권을 잘못 처리하면 문제가 커집니다."

"저자는 지금 무슨 말을 하고 싶은 거지?"라고 생각하실지도 모르겠습니다.

첫 번째 이유는 채권 분쟁을 해결하기 위해서 그 사건에 관한 계약을 알아야 해결 방법이 보이는 경우가 다수 존재합니다.

두 번째 이유는 계약에서의 실수가 소송으로 이어지는 것보다, 채권에서의 실수가 소송이 더 많고, 더 치명적입니다.

이것을 밝혀도 될지는 모르겠지만, 그 업무를 이미 해본 사람으로서, 난감한 일을 겪어보았기 때문입니다.

징계까지는 아니어도 정말로 해결하는데 진땀을 빼는 사건도 존재했으니까요.

저희 다섯 명의 저자가 계약과 관련한 책을 집필한 이유도 저희가 이미 겪었던 후회스러운 시행착오를 겪지 않았으면 하는 바람과 마음으로 참여하게 되었고, 비슷한 일을 하시는 독자 여러분들을 책으로 만날 수 있게 되어서 기쁜 마음입니다.

또한 앞서 본문에서도 말씀드렸지만, 채권 분야는 여러분들께서 어떠한 마음으로 이 업무에 임하느냐에 따라 이 업무가 재미있고, 해볼 만하다고 생각할 수도 있으나, 여러분들이 이 업무가 두렵고, 어렵다고만 생각만 한다면, 부정적인 기운에 압도되어 업무를 처리해 나가기가 어려워질 뿐만 아니라, 난관에 봉착할 수 있습니다.

즉, 마음가짐에 따라 업무의 내용이 달라지기도 합니다. 아무쪼록 이 책을 통해서 여러분들께서 계약뿐만 아니라 채권 관한 내용도 쉽게 접근했으면 좋겠습니다.

참고로 채권 파트는 시리즈로 여러분들과 만날 예정입니다. 그래서 양은 적으면서도 이해하기 쉬운 분량으로 구성되었다는 점을 참고해 주시고, 다음 편에서 더 좋은 구성물로 만날 것을 약속드립니다. 감사합니다.

"왜 나는 이 업무를 맡아서 퇴근도 못 하고 있을까?"
"이 감정노동 너무 싫다. 중간에서 너무 힘들다."

이 말은 저자들이 계약업무를 하면서 일상적으로 되뇌었던 말입니다. 너무 힘들었으니까요. 용어부터 시스템까지 그 어떤 것도 쉬운 게 없었습니다. 자기 생각만 하는 사람들 속에서 홀로 맘고생도 많이 했습니다.

이 책은 "나는 왜 이렇게 힘들었을까?"라는 질문에서 시작하고 기획하게 되었습니다. 저희는 계약을 처음 하는 분들이 쉽게 계약할 수 있도록 고민했습니다. 그리고 그 고민의 결과가 여러분에게 많은 도움이 되길 바랄 뿐입니다.

앞으로 저희들도 많은 분들이 정부 계약을 더욱 쉽게 접할 수 있도록 다양한 분야에서 노력해 나가겠습니다. 감사합니다.

저자 일동

도서출판 이비컴의 실용서 브랜드 **이비락**(樂)은 더불어 사는 삶에 긍정의 변화를
줄 유익한 책을 만들기 위해 노력합니다.

원고 및 기획안 문의 : bookbee@naver.com